지독한 독종이 성공한다

지독한 독종이 성공한다

초판 1쇄 인쇄일 2016년 7월 27일
초판 1쇄 발행일 2016년 8월 02일

지은이 김해원
펴낸이 양옥매
디자인 황순하
교   정 조준경

펴낸곳 도서출판 책과나무
출판등록 제2012-000376
주소 서울특별시 마포구 방울내로 79 이노빌딩 302호
대표전화 02.372.1537 팩스 02.372.1538
이메일 booknamu2007@naver.com
홈페이지 www.booknamu.com
ISBN 979-11-5776-239-2(03320)

이 도서의 국립중앙도서관 출판시도서목록(CIP)은 서지정보유통지원 시스템
홈페이지(http://seoji.nl.go.kr)와 국가자료공동목록시스템
(http://www.nl.go.kr/kolisnet)에서 이용하실 수 있습니다.
(CIP제어번호 : CIP2016017994)

지독한 독종이 성공한다

김해원 지음

책과나무

.

⋮

모든 일에는 때가 있다

모든 일에는 때가 있다. 그 '때'를 아는 사람이 현명한 사람이다. 즉, 제때에 맞게 적절한 언행을 구사하는 사람, 제때에 맞게 올바르게 처신하는 사람이 지혜로운 사람이다. 아무리 준비하고 노력해도 제때를 만나지 못하면 준비한 만큼 성과를 얻을 수 없다. 그래서 많은 사람들이 '운칠기삼'이라고 말한다. 아무리 노력해도 운이 따라 주지 않으면 좋은 성과를 얻을 수 없다는 말이다. 그래서 손자는 손자병법에서 전략을 수립하고 실행함에 있어 타이밍이 제일 중요하다고 말한다. 아무리 좋은 전략도 타이밍이 맞지 않으면 무용지물이다.

이 책은 그러한 타이밍을 잡는 데 필요한 극기에 관한 것이다. 자기에게 유리한 타이밍을 잡기 위해서는 그에 상응하는 정도의 극기가 수반되어야 한다.

이 책은 크게 진(進)의 극기인 나아감의 극기, 퇴(退)의 극기인 물러남의 극기, 그리고 유(留)의 극기인 머무름의 극기로 구성되어 있다. 자기에게 유리한 때를 기다리기 위해서는 자기를 이기는 극기의 힘이 필요하다. 또 자기에게 유리한 때라고 생각하면 과감하게 나아가야 하고, 자기에게 불리하다고 생각하면 물러나야 하며, 이도 저도 아니면 머무르는 용기가 필요하다.

　힘이 왕성하여 나서고 싶어도 나서면 안 되는 상황에서는 머물러야
한다. 유의 극기인 머무름의 극기에 그 내용을 실었다. 또 상황에 따
라 나아가야 할 때는 나아가야 하고 물러나야 할 때는 물러나야 한다.
　'지피지기면 백전불태'라는 말이 있듯 자기와의 싸움에서 이기기
위해서는 우선 자기를 잘 알아야 한다. 그래야 자기를 이겨 낼 수 있
다. 그런데 엄밀하게 말하면 무너지는 사람도 자기고 무너뜨리는 사
람도 자기다. 자기가 자기와 싸우면 승자도 패자도 자기일 수밖에
없다. 그러므로 자기와 싸움을 하지 않는 것이 가장 현명하다.

　자기와 싸움을 하지 않는 가장 좋은 방법은 자기와 싸울 자기가 없
게 하는 것이다. 즉 자기를 내려놓거나 자기 안에 있는 자기를 버려
야 한다. 자기 안에 자기가 없으면 자기와 싸울 상대가 없으니 싸울
일도 없고 패배할 일도 없다. 그래서 자기와 싸울 자기가 없는 상태
는 자기가 마음먹은 바를 초연하게 이룰 수 있다는 점에서 극기의 최
고봉에 달한 상태라고 볼 수 있다. 아울러 자기 자신과 흥정이나 타
협을 하지 말아야 한다. 하지만 우리는 그것을 알면서도 번번이 자기
와 싸우고, 결국은 자기합리화에 빠져 핑계나 변명을 일삼곤 한다.
　그렇다면 어떻게 해야 자기와의 싸움에서 이길 수 있을까?
　또 어떻게 해야 자기가 처한 상황에 맞게 처신할 수 있을까?

　대부분의 사람들이 자기가 일을 미루고 있다는 것을 알면서도 일

을 미룬다. 그것은 자기에게 최후의 보루가 있다는 착각 때문이다. 또 지금 해야 하는지를 알지만 우선순위에 밀려 하지 못할 뿐이라고 생각한다. 물론 그 말도 맞다. 아니 어쩌면 그렇게 하는 것이 보다 효율적이고 효과적인지도 모른다. 하지만 중요한 사실은 제때를 놓치면 안 된다는 것이다. 즉 때를 놓치면 호미로 막아도 되는 것을 가래로 막아도 힘든 상황에 처하게 된다.

이 책은 우리가 살아가면서 타이밍에 맞춰 일하는 것이 얼마나 중요한가를 알려 주기 위한 책이다. 또 자발적으로 시작과 종료 시점을 잘 판단하여 적기적시에 시작하고 종료함으로써 평화롭고 안정된 생활을 하도록 하기 위함에 있다.

언제 나서야 할까? 언제 물러나야 할까? 언제 머물러야 할까? 이런 생각을 자주 해야 한다. 그래야 좋은 시점을 잡을 수 있다. 고기도 먹어 본 사람이 잘 먹는다. 책도 써 본 사람이 잘 쓰기 마련이다. 특정 분야의 전문가가 되었다는 것은 그 분야에 대한 경험이 많다는 것을 의미한다. 그렇다. 무엇이든 자주 해 봐야 촉(觸)이 생긴다. 그런 힘을 길러야 한다. 그래서 제때를 제때에 발견해야 한다. 제때를 발견하는 힘은 극기에서 출발하며, 모든 일은 극기를 수반한 타이밍에 의해 결정된다. 이 책이 그 타이밍을 발견하는 힘을 길러 주는 계기가 될 것이다.

김해원 작가

(해원기업교육연구소 대표)

2장:

3장:

1장:

진(進)
나아감의 극기

진의 극기, 나아감의 극기는 나아가야 하는 상황에서는 파죽지세의 기세로 전진하는 극기를 말한다. 화살이 과녁을 향해 날아가는 것과 같이 기회라는 표적을 향해 쏜살같이 나아가야 한다. 그것이 나아감의 극기다.

준비는 아무리 지나쳐도 무리가 아니라는 말이 있듯 유비무환의 마음과 선승구전의 정신으로 완벽하게 준비하는 것이 좋다. 더불어 적기적시에 기회를 포착하여 목표를 달성하는 것이 중요하다.

'칼을 뽑았으면 무라도 베야 한다.'는 말이 있듯 준비한 것으로 가시적인 성과를 내야 한다. 준비만 하고 실행하지 않으면 무용지물이다. 나아감의 극기에는 이렇듯 기회가 오면 과감하게 나아가야 한다는 도전의 의미가 담겨 있다. 위험에도 불구하고 나아가는 힘, 사지인줄 알면서도 나아가야 하는 곳이라면 기꺼이 나서는 힘, 힘에 부치고 포기하고 싶은 생각이 들어도 그런 나약한 마음에 굴하지 않고 위풍당당하게 나서는 힘, 그러한 힘이 바로 진의 극기요, 나아감의 극기다.

1.

주인의
마음으로 나아가라

:

일반적으로 상사는 '해야 한다'는 말을 많이 하고 부하는 '하지 않아도 된다'는 말을 많이 한다. 직장에서 무슨 일이 발생하면 그 문제를 기필코 해결해야 한다고 생각하는 사람은 상사다. 하지만 일반 직원들은 자기 일이 아니면 안 해도 된다고 생각한다. 어차피 하루 8시간만 일하면 되는데 굳이 무리하게 힘쓸 필요가 없다고 생각한다. 일이 잘된다고 월급을 많이 받는 것도 아니고 괜히 나섰다가 실수하면 자기만 손해라고 생각한다. 주인 의식이 없어서 그렇다.

문제가 발생하면 주인은 모르는 것도 공부해서 해결하려고 하는 반면 일반 직원은 불평불만을 토로하는 경우가 많다. 하지만 직장인이라면 조직의 문제를 자기의 문제로 받아들여야 한다. 그것이 주인 의식이다. 주인 의식은 어려운 것이 아니다. 비가 와서 농작물이 물에 잠기는 상황에 처하면 물길을 돌려 줘야 한다. 그런 상황에서 나 몰라라 하고 집으로 돌아가는 사람은 없다. 마찬가지로 회사에서도 해야 할 일이 있다면, 밤을 새워서라도 끝까지 해야 한다. 끝까지 될 때까지 하는 사람이 주인 의식이 충만한 사람이다. 한 가정을 책임지려는 장남과 같은 사람이 주인 의식이 투철한 사람이다. 주인 의식을 가지고 있는 사람은 남보다 한발 더 움직이고 더 깊이 생각한다. 또 일을 할 때 면밀하게 준비하고 성실하게 실천하며 책임감이 강하다.

주인 의식과 책임 의식이 투철한 사람이 극기력이 강한 사람이다. 그러므로 극기력을 강화하기 위해서는 일부러라도 책임을 떠안는 것이 좋다. 그래서 자기의 게으르고 나태한 마음을 일깨워야 한다. 아울러 자기를 이기는 힘이 부족한 사람들이나 실행력이 부족한 사람들에게는 책임과 역할을 명확하게 해 주는 것이 좋다.

사람은 자기에게 미치는 영향력이 클수록 더 능동적이고 적극적으로 움직이는 경향이 있다. 또 자기가 활동한 만큼 자기에게 주어지는 보상이 있다고 생각하면 더 적극적으로 움직이려는 경향이 있다. 그러므로 늘 자기가 주인이고 자기가 책임진다는 생각을 가져야 한다.

2.

호적수와
함께 나아가라

:

'혼자 꾸는 꿈은 이루기 어렵지만 함께하는 꿈은 이뤄진다.'는 말이 있다. 단순히 혼자 하는 것보다 여럿이 함께하면 이뤄질 확률이 높다. 자기가 하고 싶지 않아도 많은 사람들이 함께하다 보면 자기도 모르게 그 일을 하게 된다.

논산 훈련소에서 훈련을 받을 때 동료도 힘들지만 참고 한다는 생각을 가지면 자기도 힘을 내게 된다. 그러므로 자기가 자기를 이겨낼 자신이 없다면 다른 사람들과 그룹을 만들어서 활동하는 것이 좋다. 그러면 단체로 함께해야 하기에 하기 싫어도 어쩔 수 없이 하게 되며 다른 사람들이 포기하고 싶은 상황에서 어떻게 이겨 내는지도 배우게 된다. 그럼으로써 타인의 사례를 타산지석(他山之石)의 지혜로 삼아야 한다.

사람은 사회적 동물이다. 사람은 다른 사람들과 어울리면서 살아갈 수밖에 없다. 그래서 성공하는 사람들이 하나같이 성공하기 위해서는 대인관계에 초점을 두어야 한다고 말한다. 대인관계가 좋다는 것은 여러 사람과 함께 어울리는 것을 좋아한다는 말이다. 사실 혼자서 모든 것을 다 할 수는 없다. 특히 직장 생활에서는 혼자 하는 일보다는 여럿이 함께해야 하는 일이 더 많다. 그러므로 상부상조하면서 살아야 한다. 그것이 극기하는 데 도움이 된다.

대부분 퇴사하는 직장인들은 일이 힘들어서 퇴사하는 것보다 인간적인 갈등으로 인해 퇴사하는 경우가 더 많다. 사람은 다른 사람들과 함께 어울려야 오래 견딘다. 극기 차원에서도 마찬가지다. 자기가 자기를 이기지 못하는 이유는 모든 것을 자기 혼자서 해결하려고 하는 데 원인이 있다. 어렵고 힘든 순간에 도와줄 사람이 곁에 있다면 그 사람이 있다는 것 자체가 극기하게 만든다.

하기 싫어하는 자기를 이기기 위해서는 자기와 동등한 실력을 가진 사람과 경쟁해야 한다. 자기 혼자 경주하는 것은 자기 안에 있는 자기와 싸워야 하기 때문에 자기 합리화에 빠져 제 실력을 발휘할 수 없다. 하지만 자기와 동등한 실력을 가진 호적수와 경쟁하면 호적수를 보면서 열정을 다하게 된다. 하기 싫은 마음이 있어도 호적수가 자기보다 더 앞서고 있다는 사실, 자기가 호적수에게 뒤쳐지고 있다는 사실을 발견하고 더 노력하게 된다. 호적수를 자기를 돌아보게 하는 거울로 삼아야 한다. 그래야 자기가 무엇을 잘하고 무엇을 잘못하는지를 객관적으로 돌아보게 된다.

일반적으로 사람들은 자기에게 후한 점수를 주는 경향이 있다. 자신을 중산층 이상이라고 생각하는 사람이 많은 것을 보면 아마도 많은 사람들이 자기를 남이 생각하는 차원보다 더 높게 평가한다고 볼 수 있다. 사람들은 자기보다 더 잘하는 사람을 보면 시기와 질투를 하지만 그런 사람과 자기를 비교하면서 자기의 부족한 것을 스스로 각성하는 기회로 삼기도 한다. 가장 바람직한 경우는 상대방이 잘하는 것을 벤치마킹해서 자기 성장을 도모하는 것이다. 즉 타인에게 한 수 지도를 받는다는 생각을 갖고 타인이 잘하는 것을 배워서 자기 것으로 만들어야 한다.

호적수가 있으면 긴장한다. '청어와 메기의 효과'에서 말하듯이 호적수가 있음으로 해서 더 힘을 내게 된다. 선의의 경쟁자라도 원수 같은 사람과 경쟁하는 상황이라면 더욱더 오기를 다해 노력할 것이다. 그냥 경쟁하는 것이 아니라 혼신의 힘을 다해 경쟁한다. 그런 사람이 한두 명은 있어야 한다. 그래서 그런 사람을 생각하면서 나태한 자기를 일깨워야 한다. 두 번 다시는 함께하고 싶지 않은 사람, 눈을 마주치기도 싫은 사람, 그런 사람이 자기를 깨어 있게 하는 자극제가 된다. 그러므로 극기를 기르기 위해서는 일부러라도 그런 사람을 만들어야 한다.

호적수가 잠을 안자고 노력한다는 소식을 듣고 마음 편하게 잠자리에 드는 사람은 없다. 좋은 것이 좋은 것이라는 생각으로 지내는 사람은 안분지족하는 사람이 아니라 현실감각이 무딘 사람이다. 또 삶을 치열하게 사는 사람은 한날한시도 게을리 살지 않는다. 어떻게 하면 자기보다 잘나가는 사람보다 더 잘나갈 수 있을까? 어떻게 하면 자기가 호적수보다 더 잘할 수 있을까를 생각하면서 생활한다. 그래서 어느 한 순간도 긴장을 늦추지 않는다. 그러한 과정이 극기력을 강화하는 과정이다.

… 호흡을 맞추면서 나아가라 …

둘이 호흡을 맞춰서 행하는 것은 서로가 어느 정도 약속을 정해야 한다. 둘이 동시에 해야 하는 때, 아니면 먼저 해야 하는 때 등의 순서를 정해서 호흡을 맞춰야 한다. 동시에 할 때에도 순차대로 해야 하는 경우에는 그 차례에 맞춰야 한다. 그것이 바로 때에 맞춰 나아가는 것이다.

아울러 연습을 많이 해야 한다. 연습을 통해서 사전에 어떻게 해야 할 것인가를 정해야 한다. 그래야 그 연습에 준하여 자연스럽게 행하게 된다. 다수가 호흡이 척척 맞는 상황은 보는 이로 하여금 경탄을 자아내게 한다. 그래서 그런 커플을 궁합이 잘 맞는 환상의 커플이라고 칭한다. 하지만 그렇게 하기 위해 뒤에서 얼마나 피나는 노력을 했는지를 알면 그런 말이 쉽게 나오지 않을 것이다. 보는 이로 하여금 경탄을 자아내게 하는 것은 그냥 이뤄지지 않는다. 수많은 노력과 인내와 피땀을 흘려서 일궈 낸 것이다. 겉으로 보면 좋아

보이고 듣기에 좋은 소리라고 느끼기 이전에 그렇게 하기까지 얼마나 많은 노력을 했는가를 생각해야 한다.

… 상대방과 보조를 맞춰라 …

자기가 바쁘다고 상대방이 바쁜 것은 아니다. 자기가 바쁠 때 상대방이 자기의 바쁜 것을 공감해 주고 도와주면 더할 나위 없이 좋다. 하지만 사람들은 모두 자기가 남보다 더 바쁘다고 생각한다. 특히 직장에서는 자기보다 더 바쁜 사람이 없다고 생각한다. 다른 사람은 농땡이를 치고 있는데 자기는 너무도 할 일이 많다고 생각한다. 그러므로 자기가 바쁘다고 상대방이 그 바쁜 마음을 알아줄 거라는 생각을 하지 말아야 한다. 이 말인즉 바쁘다고 해서 기본을 무시하거나 긴급한 상황이라고 해서 자기 마음대로 행동하지 말라는 것이다. 자기가 바쁠수록 바쁘지 않은 것처럼 행동해야 한다. 아무리 급해도 목숨을 잃을 상황이 아니면 그리 급할 것 없다. 지나고 보면 아무 것도 아니다. 그러므로 가능한 한 바빠도 조용히 있어야 한다. 여유를 가져야 한다. 촐싹대지 말아야 한다. 아울러 남들이 자기 사정을 이해할 거라는 생각을 하지 말고 자기가 하고 싶은 일이 있다면 남모르게 해야 한다.

공동묘지에 묻힌 사람들도 모두 핑계가 있고 자기가 다시 살아야 하는 필연적인 사연이 있다. 모두가 각자의 사정에 따라 변명이 있기 마련이다. 그러므로 바쁘고 급해도 그것을 핑계로 서두르지 말고 지켜야 하는 기본적인 원칙을 잘 지켜야 한다. 대형 사고의 대부분은 급하거나 바쁘다는 이유로 가장 기본적인 것을 하지 않는 데에서 비롯되는 경우가 많다. 조금만 주의를 기울였다면, 조금만 더 신경 쓰고 정성을 기울였다면 사고가 발생되지 않았을 것이다. 사고가 발생되면 이미 엎질러진 물이다. 그것을 다시 주워 담을 수는 없다. 그러므로 미리 주의해야 한다. 급하게 서두르지 말아야 한다. 너무 바쁘게 행동하지 말라는 것이다. 급할수록 더 조심해야 한다.

… 함께 나아가라 …

사람은 자기와 유사한 사람에게 호감을 느낀다. 그래서 자기와 비슷한 성향을 가진 사람끼리 어울리려고 한다. 특히 가슴 아픈 사고를 당하거나 힘든 상황에 처하면 그 사람을 자기 고통을 감내하는 비교 대상으로 삼기도 한다. 이처럼 자기가 참기 힘든 상황에서도 자기 주변에 자기와 같은 상황에 처한 사람이 있으면 그래도 위안이 된다. 군대에서 훈련을 받을 때 힘든 상황을 극복할 수 있는 것은 자기와 함께하는 전우 덕분이다. 함께하는 전우가 있기에 어렵고 힘든 상황을 이겨 내는 것이다. 그런 측면에 비춰 볼 때, 극기력을 기르기 위해서는 자기 스스로 자기 힘을 비축하고 그 비축된 힘을 다른 사람과 나눠야 한다. 또 자기가 어렵고 힘들다면 혼자서 모든 것을 이겨 내려고 하기보다는 다른 사람에게 기꺼이 도움을 요청해야 한다. 그래서 그 사람의 도움을 받아야 한다.

　어렵고 힘든 일도 함께하면 힘이 들지 않는다. 세상에서 가장 먼 거리는 싫은 사람과 함께 가는 거리이고, 세상에서 가장 빠르게 가는 길은 사랑하는 사람과 함께 가는 길이다. 그렇다 함께 가야 한다. 자기와 동병상련의 상황에 처한 사람과 함께 가야 한다.

　자기가 나락으로 떨어져서 고통스러워할 때, 자기보다 더 잘나가는 사람이 자기와 동일한 상황에 처한 것을 보는 순간 위로가 된다. 또 승진에서 누락이 되었는데 자기보다 더 근속이 많고 성과도 많이 내는 사람이 누락되면 그 사람을 보면서 위안을 삼는다. 바로 그러하다. 자기만 생각하면서 살다 보면 어렵고 힘든 상황에서 자기를 극기하게 해 주는 소스가 적어진다. 그러므로 다른 사람이 사는 것도 바라볼 필요가 있다. 그 사람을 보면서 자기가 어떻게 처신해야 하는가를 배워야 한다. 아울러 자기가 나락으로 떨어진 원인이 타인에게 있다고 생각하면 그 나락에서 헤어날 수 없다. 모든 잘못은 자기 잘못으로 인해 일어난 일이라고 스스로 인정해야 한다. 그래야 그 어려움을 극복하고 새로운 세상을 열어 갈 수 있다. 아울러, 앞으로 나아가는 여정에 자기가 힘들고 지칠 때 함께 응원해 주고 함께 말동무가 되어 주는 페이스메이커가 있어야 한다. 그래서 조강지처와 같이 어렵고 힘든 상황에서 만난 사람이 가장 소중한 사람이라고 말한다.

어렵고 힘든 상황에 처했을 때는 자기보다 더 힘든 여건 속에서 인간 이하의 대우를 받으며 생활하는 사람을 보면서 힘을 내야 한다. 또 자기보다 잘나가던 사람이 시험에 떨어지는 것을 보면서 자신이 탈락했다는 것에 너무 비통해하지 말아야 한다. 그것이 자기 안에서 이뤄지는 극기의 힘이다. 그로 인해 극기력이 강화되는 것이다. 극기력이 강해지면 그로 인해 자기가 처한 현실을 비교적 담담하게 받아들이게 된다. 또 타인의 행동이 자기에게 큰 도움이 되고 타인이 곁에 있다는 것, 다른 사람이 자기와 동일한 고통을 감내하고 있다는 것 자체가 힘이 된다. 그래서 희로애락을 함께하는 가족이 곁에 있다는 것이 부의 여부를 떠나 행복이 되고 즐거움이 되는 것이다.

3.

대세에
편승하여 나아가라

:

  물살을 거슬러 오르려면 평소보다 더 많은 힘이 필요하다. 그러므로 꼭 올라갈 필요성이 있다면 연어가 물살을 거슬러 올라가듯 혼신의 힘을 다해 노력해야 한다. 하지만 그렇지 않는 경우에는 물살의 흐름에 몸을 맡겨야 한다. 그런데 우리는 살면서 자신의 욕망을 실현하기 위해 갖은 수단과 방법을 동원하려는 경향이 있다. 아울러 그간에 살아온 자기 삶의 패턴을 깨는 일이 발생하면 무의식적으로 강하게 반발하는 경우도 있다. 그런 사람들은 현재까지도 잘 살아왔고 앞으로도 별일이 없을 것 같은데 뭣 때문에 기존의 패턴을 깨야 하느냐면서 기존의 방법을 고수하려고 한다. 하지만 물살이 거세지게 되면 현재를 고수하려고 해도 결국 거센 물살에 의해 현재의 자리마저 잃게 된다는 것을 생각해야 한다.

  변화의 물살에 자기의 몸과 마음을 맡긴다는 것은 변화에 합류하는 것을 의미한다. 기득권을 내려놓고 변화에 합류하는 것이 극기력을 강화하는 길이다. 자기의 현재 위치를 고집하는 것이 강한 극기가 아니다. 그것은 고정관념에 사로잡힌 경우라고 볼 수 있다. 그러므로 시대적 상황과 사회적 환경에 따라 자기 삶을 자발적·능동적으로 변화시켜야 한다.

여기서 변화의 흐름을 탄다는 것은 대세에 순응함을 의미한다. 대세의 흐름에 몸을 맡기면 물속에서 바위를 드는 것과 같이 큰 힘을 들이지 않고 순탄하게 살 수 있다. 그렇지 않으면 대세의 흐름에 거부하는 자기와 힘든 사투를 벌여야 하기에 극기력이 약해질 수밖에 없다. 그것은 마치 물에 빠진 사람이 물살을 거스르기 위해 안간힘을 쓰다 탈진하여 익사하는 경우와 같다. 그러므로 변화의 시기에 살아남기 위해서는 시대적·사회적인 흐름과 대세에 편승해야 한다.

⋯ 흐름을 타고 나아가라 ⋯

일을 할 때 자기가 원하는 무드가 잡히고 분위기가 형성되었을 때는 속전속결로 치고 나가야 한다. 그렇지 않으면 참고 기다려야 한다. 그런 사람이 고수다. 하수는 자기가 가진 실력을 남에게 드러내면서 경거망동하지만 고수는 어느 정도 자기가 바라는 시기가 무르익을 때까지 기다린다. 이처럼 최후의 결정적인 순간까지 기다릴 줄 아는 사람이 고수다. 그래서 고수가 무서운 것이다. 평상시에는 가만히 숨을 죽이고 있다가 이때다 싶으면 속전속결로 밀어붙인다. 마치 둑이 터져 거센 물살이 모든 것을 휩쓸어 버리고 강풍에 의해 모든 것을 날려 버리듯, 적정한 순간이 도래하면 과감하게 밀어붙여야 한다. 아울러 언제 밀어붙일 것인가 혹은 언제 물러날 것인가를 선택할 때에는 심사숙고하면서 주변을 둘러봐야 한다. 호시탐탐 기회를 엿보면서 최적의 시점을 노려야 한다. 아무 생각을 하지 않고 가만히 있다 보면 좋은 시점을 잡아 낼 수 없다. 가장 좋은 시점은 분위기가 무르익었을 때다. 명분을 잡아서 나아갈 수 있는 그러한 여건이 잡혀 있을 때 밀어붙여야 한다. 그러기 위해서는 기회를 잡아서 치고 나갈 수 있는 힘이 있어야 한다. 자기가 나서도 되는 최상의 조건이 조성될 때까지 기다리면서 그 힘을 길러야 한다. 무조건 행동한다고 해서 좋은 시기를 잡을 수 있는 것은 아니다. 아무런 행동을 하지 않고 기다리는 것도 행동하는 것이다. 행동할 때는 주변 상황을 정확하게 볼 수 없다. 그러므로 가만히 정지해서 주변 상황을 볼 줄 알아야 한다. 가만히 있으면 판세가 어떻게 돌아가는지를 정확하게 볼 수 있다. 또 언제 자기에게 원하는 시점이 도래할 것인지를 예측할 수 있다. 그 시점을 잡아서 치고 나아가야 한다. 그 순간이 오기를 학수고대하면서 참고 기다릴 줄 아는 사람이 고수다. 그렇지 않고 설익은 순간에 나서면 예기치 않는 역풍을 맞을 수 있으므로 주의해야 한다. 어설프게 나서지 말고 치밀하게 준비하고 철저하게 준비해서 나서야 한다. 그래야 승산이 있다.

　고수에게 있어 기다림은 치밀하게 준비하는 기다림이다. 적정한 시점에 거세게 치고 나가기 위해서는 어느 정도의 전략적인 접근이 필요하다. 적정하게 전략을 세워서 접근해야 한다. 그래야 성공 가능성이 높다. 전략적으로 접근해서 시나브로 무드를 형성하고 그 무드가 형성되어 적정한 시점이 도래했다고 생각하면 아주 거세게 밀어붙여야 한다.

4.

자신의
속도로 나아가라

⋮

일반적으로 사람들은 자기 일을 함에 있어 남과 동일한 속도를 유지하려는 경향이 있다. 하지만 자기 극기력을 향상시키기 위해서는 자신의 속도를 유지해야 한다. 아울러 타인의 속도에 민감하게 반응하지 말아야 한다.

뱁새가 황새를 따라가다 보면 가랑이가 찢어지기 마련이다. 그러므로 남의 속도를 따라가는 것보다 자기의 속도를 유지하는 데 주력해야 한다. 그러기 위해서는 어떠한 경우에도 주변 환경에 부화뇌동하지 않도록 자기를 단련하는 데 힘써야 한다.

물론, 타인을 의식한 선의의 경쟁이 성장의 단초가 된다는 말은 맞다. 경쟁은 좋은 것이다. 특히 악의의 경쟁이 아닌 선의의 경쟁은 더 없이 좋은 것이다. 이러한 선의의 경쟁에서 승리하기 위해서는 타인의 힘보다는 더 큰 힘을 발휘하기 위해 분전해야 한다. 그러다 보면 자기도 모르게 자기 의지와는 다른 속도를 내게 된다. 자기는 전혀 그럴 생각이 없는데 경쟁에 휘말리다 보니 자신의 속도를 내지 못하는 것이다. 또 남들이 하는데 자기가 하지 않으면 시대에 뒤떨어진 생활을 하는 거라고 생각한다. 그래서 남이 하는 일에 끼려 하고 남들이 하는 일에 자꾸 신경을 쓰고 남과 비교하는 경향이 있다. 그로 인하여 자기 속도가 아닌 남의 속도를 내게 되고 결국 자기 용량 초과로 번아웃(burnout)에 이르는 경우도 있다. 그러므로 남의 속도에 신경 쓰지 말고 자기의 속도에 전념해야 한다.

그렇다고 완전히 타인을 의식하지 말라는 것은 아니다. 타인을 과도하게 의식하지 말라는 것이다. 타인으로 인해서 자기 리듬이 틀어지고 자신의 컨디션이 불안정해지는 것을 경계하라는 것이다. 물론 자기 속도를 낼 수 있음에도 불구하고 나태함으로 인해 제 성능을 발휘하지 못할 경우에는 타인을 의식해야 한다. 그래서 타인의 행동을 보고 자극을 받아야 한다. 이때 역시 타인의 속도에 의해서 자기 페이스를 잃지 않도록 주의해야 한다. 타인의 속도를 너무 의식하다 보면 자기가 타인보다 잘할 때에는 자만하게 되고 자기가 타인보다 못할 시에는 조급한 마음이 생기게 된다. 그러므로 가능한 필요한 경우에만 타인을 의식하되 그렇지 않은 경우에는 자신의 속도로 나아가야 한다. 그것이 극기력을 향상시키는 원동력이다.

… 자기편을 만들어라 …

자기 스스로 계속 나아가기 위해서는 자기가 함정에 빠졌을 때 자기를 꺼내 줄 사람이 있어야 한다. 그러기 위해서는 평상시에 함께 하는 사람들에게 잘해야 한다. 그래서 그 사람들을 자기편으로 만들어야 한다. 자기 주변에 우군이 많아야 한다는 말이다.

모든 경우에 잘나가는 경우는 없다. 또 혼자서 계속 잘할 수는 없다. 언젠가는 판이 바뀌고 위기 상황에 처할 수 있음을 알아야 한다. 그러므로 미래를 위해 보험을 들듯이 자기 주변에 자기편을 많이 만들어야 한다. 그래야 그 사람들이 곤궁에 처한 당신에게 도움의 손길을 보낼 것이다.

… 자기를 시험하라 …

중도에 포기하고 싶은 상황에 처했을 때 자기를 이겨내기 위해서는 자기가 자기를 시험한다는 생각을 하면 그 상황을 의연하게 극복할 수 있다. 그렇다. 위기 상황에 처하면 자기 스스로 자기 한계가 어디까지인가를 시험해 본다는 생각과 자기 인내력을 테스트한다는 생각으로 임해야 한다. 자기가 자기의 시료가 되어 자기를 시험하는 것이다. 그래서 자기 인내심의 한계가 어느 정도인지 혹은 자기가 어떤 상황에 이르기까지 견뎌 내는지를 알아내겠다는 욕심을 가져야 한다.

자기가 하고자 하는 일에 욕심이 있으면 오래도록 참을 수 있다. 그런데 그런 생각 없이 그냥 실행만 하면 조금만 고통스러워도 피하려고 한다. 하지만 자기의 한계점이 어디인지 테스트한다는 생각을 가지면 오래 버티게 된다. 그 한계에 도달하려는 힘이 극기의 시작이고 그 한계를 넘어서는 힘이 극기의 완성이다. 공부를 할 때도 마찬가지다. 자기가 공부하기 싫어도 나의 한계가 어느 정도까지인지 그 한계를 시험한다는 생각을 가지면 더 열심히 하게 된다. 공부가 하기 싫어도 자기가 현재 자기를 테스트하고 있다고 생각하면 평상시와는 다른 마음으로 공부하게 된다.

이러한 원리로 담배를 끊을 수도 있다. 먼저 금연하려는 사람의 심리와 생활 태도에 대해서 자기가 자기를 연구한다는 생각과 금연에 따른 심리적·육체적인 변화를 연구한다는 생각으로 금연해야 한다. 아울러 그러한 것을 주제로 논문으로 발표한다는 생각과 그러한 일련의 과정을 생생하게 책으로 집필한다는 생각을 가지고 금연해야 한다. 그러면 금연하는 것이 특별한 프로젝트가 되어 단순하게 금연을 결심하는 사람에 비해 성공할 확률이 높다.

일반적으로 사람은 테스트를 한다고 생각하면 함부로 행동하지 않는다. 자기가 하고 싶은 것이 있고 게으름을 피우고 싶어도 시험을 위해서는 기꺼이 불편을 참으려고 한다. 건강 진단을 하기 위해 그 전날 공복 상태가 되도록 해야 하는 등의 지켜야 할 수칙이 있다면 그 조건을 맞추기 위해 평상시와는 다르게 생활한다. 또 시험을 본다고 하면 평상시와는 달리 열심히 공부한다. 강의에 참석한 사람들도 강연을 마치고 시험을 본다고 말하면 강연에 더 적극적으로 참여한다. 그러한 마음이 시험에 임하는 사람들의 공통된 마음이다. 그러므로 그러한 시험에 임하는 사람들의 마음처럼 자신의 마음을 시험 모드로 하기 위해서는 자기가 자기의 시험 대상이 되어야 한다. 그러면 극기력이 더 향상될 것이다.

… 완급을 조절하면서 나아가라 …

언제 공격하는 것이 가장 좋은가? 그리고 언제 수비하는 것이 가장 유리한가? 그 시점을 잘 잡아야 한다. 바다에 물때가 있듯 시합을 하거나 싸움을 할 때는 어느 시점에 공격하고 수비할 것인가를 전략적으로 잘 선택해야 한다. 손자병법에서는 타이밍이 중요하다고 말한다. 그래서 상대방이 예측하지 못한 곳을 상대방이 생각하지 못한 시간에 공략하라고 말한다. 상대방이 예측하지 못한 순간에 상대방에게 준비할 겨를을 주지 말고 공격해야 한다. 상대방이 준비를 마치고 공격해 오는 적을 기다리고 있는 시점에 공격하다가는 역공을 당해 패배할 것이다. 특히 상대방이 전략적인 사고를 가지고 있다면 결과는 불을 보듯 뻔하다.

공격해도 좋은 시점은 상대방이 방어하지 못하는 시점이다. 그런데 그러한 순간을 잡는다는 것은 말은 쉽지만 실상은 어렵다. 상대방이 예상하지 못한 곳을 공격한다는 것은 쉽다. 하지만 상대방이 예상하지 못한 시점을 잡기란 쉽지 않다. 그 시점을 잡기 위해서는 상대방이 준비가 되어 있는지 혹은 준비가 되어 있지 않은지를 알아야 하고, 상대방이 예상하고 있는지 혹은 예상하지 못하고 있는지를 알아야 한다. 아울러 상대방의 속마음도 알아야 한다. 상대방이 일부러 적을 속이기 위해 페인팅 전략을 쓸 수도 있기 때문이다. 일부러 본심을 숨기고 다른 행동을 보이는 경우도 있다. 그렇게 함으로써 적이 오판하여 실수하도록 유도하는 것이다. 즉 자기가 보고 들은 것이 진실이 아닐 수도 있음을 알아야 한다. 그래서 전략을 구사할 때는 심사숙고해야 한다. 최소한 상대방이 어떤 사람이고 어떤 전략을 구사할지를 예측해야 한다. 또 그 상대방의 성향과 습관을 잘 알아야 한다. 그래야 상대방 성향에 대응하는 전략을 구사할 수 있다. 아울러 상대방의 진짜 전략을 간파해야 한다. 그러기 위해서는 평상시에 상대방의 실태를 잘 살펴야 한다.

결국 공격과 수비의 시점은 상대방의 실태에 달려 있다. 자기가 철두철미하게 준비하고 있더라도 상대방이 더 많은 준비를 했다면 속수무책으로 당할 수밖에 없다. 또 상대방의 성을 공략하기 위해 자기가 성을 나왔는데 그 틈을 타서 기습에 의해 성을 빼앗기게 되는 형국에 처할 수도 있다. 그러므로 공격이나 수비를 할 때는 많은 경우의 수를 생각해서 그에 대한 대응책을 마련한 후 행동을 해야 한다.

5.

원칙대로
나아가라

:

모든 일을 원칙에 준해서 생활한다는 생각으로 행동하는 것도 극기력 향상에 도움이 된다. 마치 신앙인들이 계명에 따라 생활하듯 극기하기 위해서는 원칙을 정해서 그에 합당한 생활을 해야 한다. 자기가 혼신의 힘을 다해서 노력하려고 해도 그것이 뜻대로 잘되지 않을 때는 원칙대로 한다는 생각을 해야 한다. 원칙에 준하여 생활한다면 그 과정에서 극기력이 향상될 것이다.

자기가 하기 싫어도 어쩔 수 없이 할 수밖에 없는 상황이 되면 할 수밖에 없다. 자기가 하고 싶지 않아도 법정 사항이라면 그것을 할 수밖에 없다. 일례로 고압가스를 사용하기 위해서는 고압가스 시행 규칙에 준해야 한다. 도로교통법을 지키거나 국립공원이나 유원지에서 공중도덕을 지키는 것도 원칙에 준해 생활하는 것이다. 자기가 하고 싶은 대로 하고 싶어도 그럴 수 없다. 그러므로 극기력을 기르기 위해서는 자기 행동에 제약을 가할 수 있는 원칙을 정해서 행해야 한다. 그냥 행동하는 것과 원칙을 정해서 생활하는 것은 차이가 크다. 처음 나라를 건국하면 제일 먼저 법과 규정을 만들어 통치를 한다. 그리고 법에 준하여 생활하는 사람에게는 상을 주고 위법한 사람에게는 벌을 준다. 신상필벌을 통해 사람들이 법의 테두리 안에서 생활하게 하는 것이다.

악법도 법이라는 말이 있듯 법은 누구에게나 평등하며 누구나 지켜야 한다. 그렇다. 법을 잘 지키려고 해야 한다. 그래야 그것이 습관이 되어 극기력이 증가한다. 법을 잘 지키는 것은 사회적 인격을 갖추는 것과 같다. 그러므로 자기의 극기력이 약해진다면 자기가 정한 원칙들이 잘 지켜지는지를 돌아봐야 한다.

사실 원칙을 정해서 생활하는 것은 불편하고 힘들다. 뭔가 통제와 감시를 받는 것 같아 스트레스를 받기도 한다. 그러므로 법규가 있어서 까다롭다고 말하는 사람은 자기가 법에 준하지 않고 너무 방만하게 살고 있는 것은 아닌지를 돌아봐야 한다.

⋯ 순서에 맞춰 나아가라 ⋯

음식을 익히는 것도 적정하게 순서를 지켜야 한다. 적정한 때를 정한다는 것, 시기를 잡는다는 것, 최적의 때를 정한다는 것은 달리 해석하면 적정한 순서, 최적의 순서를 정하는 것이라고 볼 수 있다.

최적의 때를 정하는 것은 최적의 순서를 정하는 것이다. 그러므로 무엇을 하든 순서를 잘 정하는 것도 좋은 때를 정하는 것이라고 볼 수 있다. 어떤 사람은 그냥 순리대로 하려고 하는 사람도 있는데 그것은 소극적이고 피동적인 행동이다. 가능한 자기가 원하는 때는 자기가 적극적으로 정해야 하고 자기가 원하는 시점은 주변 여건과 자기의 조건, 그리고 여러 가지 변수를 감안해서 자기가 정해야 한다. 그래야 자기가 주인 의식을 가지고 주도적으로 행동하게 된다. 자기가 편한 순서, 자기 컨디션이 좋은 시점의 순서, 자기가 좋아하는 날씨와 일치하는 순서 등 여러 가지 변수를 감안해서 상대방보다는 자기에게 유리한 조건이 되는 순서를 정해야 한다. 그래야 하늘도 도움을 준다. 자기에게 전혀 맞지 않는 환경에서 자기가 원하는 결과를 자아내려고 하는 것은 우물가에서 숭늉을 찾는 것과 같다. 더불어 자기가 자기의 순서를 어느 정도 예측하는 것도 좋다. 자기가 어느 정도 자기의 순서를 예측하면 자기 마음을 돌아볼 수 있는 시간적인 여유를 가질 수 있고 심리적인 안정을 취할 수 있다.

6.

미루지 말고
나아가라

⋮

    일을 즐겁게 하기 위해서는 가능한 필히 해야 하는 일을 먼저 하는 것이 좋다. 특히 자기에게 책임이 있는 일은 먼저 처리하는 것이 좋다. 그래야 여유가 생긴다. 그렇지 않고 자기가 해야 하는 일을 계속 미루다 보면 시간에 쫓기게 된다. 그러므로 여유를 확보하기 위해서라도 필히 해야 하는 일을 먼저 해야 한다. 특히 기간이 정해진 일은 가급적 빨리 마치는 것이 좋다. 그렇지 않고 미루다 보면 정서적 불안으로 인해 현재를 온전히 즐길 수 없다.

    경우에 따라서는 계속 미뤄 놓았다가 마감 시간에 하는 것도 좋다. 마치 수험생이 벼락치기 공부를 하듯 한꺼번에 몰아서 마감 시간에 임박하여 하는 것도 좋다. 물론 이런 경우는 자기에게 그만한 역량이 있어야 한다. 역량이 없다면 엄두도 내지 말아야 한다.

··· 타인에게 공포하라 ···

자기가 해야 하는 일을 다른 사람들에게 공포하는 것도 극기력 강화에 도움이 된다. 자기는 못할 것이라고 생각하는 것일수록 다른 사람에게 기필코 해낼 것이라고 공포해야 한다. 그런 사람이 자신감이 강한 사람이다. 극기력의 팔 할 이상은 자신감에서 나온다.

타인에게 목표를 공포하면 똥줄 타는 마음으로 실천하게 된다. 실행력이 높아지는 것이다. 괜히 다른 사람에게 말해서 신용 없는 사람으로 낙인찍히면 어쩌지? 라는 생각으로 머뭇거리지 말고 남에게 자기의 목표를 거침없이 말해야 한다.

혹자는 다른 사람의 시기와 질투가 있어서 몰래 해야 한다고 말한다. 그 말도 일리는 있다. 하지만 그럴수록 더 공개해야 한다. 남이 시기하고 질투한다는 것은 자신에게 가능성이 충분하다는 것을 반증한다. 죽어 있는 시체를 사냥하는 동물은 없다.

불편함보다 편안함을 지향하고 불쾌감보다는 쾌감을 느끼려고 하는 것이 사람의 본능이다. 그러한 본능을 이겨 내는 힘이 극기다. 그러한 힘을 키워 가기 위해서는 자기의 목표를 다른 사람에게 공포함으로써 자기를 벼랑 끝으로 내몰아야 한다. 그래야 실행력이 높아지고 극기를 초월한 폭발적인 힘이 발휘된다.

··· 억지로라도 출근하라 ···

직장 생활을 하다 보면 월요일에 출근하기 싫은 경우가 있다. 특히 휴일에 적정하게 휴식을 취하지 않으면 심신이 피곤하여 출근하기 싫어진다. 그럴 때는 놀아도 회사에서 논다는 생각으로 억지로라도 출근해야 한다. 휴가를 쓰면 된다고 생각하면 회사에 가기 싫어진다. 하지만 꼭 출근해야 하고 출근하지 않으면 안 된다는 간절한 생각을 가지면 출근하게 된다. 일어나서 출근에 이르는 시간은 길어 봤자 한 시간도 채 안 된다. 그 시간에 자기와 계속 싸움을 하면서 출근할까 말까라는 양가감정의 상황에 빠지게 된다. 하지만 그러면서도 출근할 준비를 한다. 마음은 출근하기 싫은데 습관적으로 출근 준비를 하는 것이다.

극기는 기나긴 인내를 필요로 하는 것이 아니다. 자기에게 닥친 특정한 순간을 참으면 된다. 이럴까 저럴까 하는 양가감정의 상황을 잘 넘기면 된다. 그러면 금세 정상적인 생활을 하게 된다. 그러함을 명심하고 이를 악물고 출근부에 도장을 찍어야 한다. 그러면 그 다음부터는 몸이 알아서 버틴다. 하루 8시간을 근무하면 된다. 아니, 8시간을 참는 것이 아니다. 출근해서 출근부에 도장만 찍으면 된다. 그렇지 않고 그 순간을 참아 내지 못하면 결국은 휴가를 내고 다음 날 후회할 것이다.

사실 회사는 월급을 받으면서 자기 계발을 할 수 있는 기회의 땅이다. 아무 것도 하지 않아도 시간이 지나면 월급이 나온다. 회사에 있는 시간은 돈을 벌어 주는 시간이다. 이에 반해 밖에서 노는 시간은 돈을 낭비하는 시간이다. 그러므로 가능한 회사에서 시간을 보내야 한다. 시계를 보는 장소에 따라 돈이 나가기도 하고 들어오기도 한다. 상황에 따라 어떤 시간은 돈을 벌어 주는 시간이고 어떤 시간은 돈을 낭비하는 시간이 된다. 그러므로 출근하기 싫어도 출근해야 한다. 이것이 비록 좋은 생각은 아니지만 그래도 출근하기 싫은 마음을 이겨 내는 데 도움이 될 것이다.

혹자는 회사에 출근하면 회사를 위해 충성을 다해야 한다고 말한다. 또한 자기가 회사를 경영한다는 경영자 의식으로 직장 생활을 해야 한다고 말한다. 하지만 그것은 정답이 아니다. 그런 말에 현혹될 필요는 없다. 그렇다고 회사에서 놀라는 말은 아니다. 무릇 직장인이라면 당연히 자기가 받는 월급 값은 해야 한다. 일도 하지 않고 빈둥빈둥 놀면서 시간을 보내는 사람이 월급을 받는 것은 회사 돈을 횡령하는 것과 같다. 자기에게 주어진 일은 최대한 정성을 다하고 최선의 노력을 다해야 한다.

7.

재미있게 나아가라

⋮

일에 흥미를 느끼기 위해서는 그 일을 하는 과정에 재미를 느낄 수 있는 요건이 많아야 한다. 아무리 일을 해도 재미를 느끼지 못하면 극기력이 저하되고 중간에 포기하는 상황에 이르게 된다. 그러므로 자기가 하는 일을 오래도록 하기 위해서는 스스로 일에 재미를 느낄 수 있는 포인트를 찾아서 생활해야 한다. 그러기 위해서는 자기가 자기를 잘 알아야 한다. 자기가 어느 지점에서 싫증을 느끼고 흥미를 잃게 될지를 생각해서 그 지점에 미리 재미와 흥미를 느낄 수 있는 소스를 만들어 놓아야 한다.

… 유머를 구사하라 …

극기를 생각하면 가장 먼저 인내가 떠오른다. 참는 것이 극기의 씨앗이다. 하고 싶어도 참아야 하고 하기 싫어도 참아야 한다. 그만큼 극기는 인내와 관계가 깊다. 그러므로 극기하기 위해서는 먼저 참는 것을 배워야 한다. 참기 위해서는 긍정의 마음을 갖는 것이 중요하다. 매사 긍정적인 생각으로 임해야 한다. 그것이 인내의 기초가 된다. 또 참기 위해서는 낙관적인 생각을 해야 한다. 이때 가장 좋은 것은 웃음이다.

극기가 인내와 밀접한 관계가 있듯 인내는 웃음과 매우 밀접한 관계가 있다. 그러므로 하기 싫어도 웃으면서 그냥 해야 한다. 아니꼽고 더러워도 그냥 웃으면서 해야 한다. 화가 나도 미소를 지으면서 해야 한다. 왜냐하면 웃다 보면 그로 인해 인내력이 생기기 때문이다. 그렇다. 웃으면서 일을 하다 보면 자연스럽게 힘이 난다. 행복하기 때문에 웃는 것이 아니라 웃기 때문에 행복하다는 말이 있듯 웃는다는 것은 행복감을 느끼게 한다. 행복하면 힘들어도 참게 된다.

웃는 사람이 참는 힘이 강한 이유는 마음이 기쁘기 때문이다. 웃는다는 것은 여유가 있다는 것을 의미한다. 여유가 있으니 웃는 것이다. 또 여유가 없어도 웃으면 여유가 생긴다. 웃음이 긴장을 완화시켜 주는 역할을 하기 때문이다.

또 웃음은 몸에 활력을 준다. 그것도 좋은 에너지를 준다. 웃음은 양질의 에너지다. 웃다가 배꼽 빠져 죽은 사람은 없다. 또 웃어서 병든 사람은 없다. 오히려 웃음으로 암이 완치되어 건강을 되찾은 사람들이 많다.

조조가 적벽대전에서 패배하고 도망치는 자기의 모습을 보고 미친 사람처럼 웃었듯이 힘들고 고통스러운 상황에 처했다면 크게 한번 웃어보자. 그러면 신기하게도 여유와 자신감이 생길 것이다.

… 리듬을 타라 …

일을 재미있게 하기 위해서는 리듬을 잘 타야 한다. 음악에도 리듬이 있다. 음악이 즐거움을 주는 것은 높고 낮음, 빠르고 느림, 크고 작음, 길고 짧음 등의 리듬이 있기 때문이다. 축구에도 리듬이 있다. 브라질 축구는 삼바 축구라고 말하고 독일 축구는 전차 축구라고 말한다. 또 일본 축구는 티티카카 축구라고 말한다. 티티카카는 공을 주고받으면서 아기자기하게 축구하는 것을 의미한다. 축구 시합을 하기 전에 선수들이 워밍업을 하는 이유는 경기 리듬에 맞게 축구를 하기 위해서다. 마치 음악의 선율에 따라 춤을 추듯 자기의 리듬 감각을 찾기 위해 몸을 예열시키는 것이다. 그렇지 않고 갑자기 경기장에 들어가면 자기 실력을 제대로 발휘할 수 없다. 마찬가지로 자기 힘을 제대로 발휘하기 위해서는 보다 탄력적이고 리듬감 있게 생활해야 한다. 그것이 극기력을 강화시켜 준다.

리듬에 맞춰 춤을 추다 보면 지겨워할 시간적인 여유가 없다. 그냥 아무 생각 없이 즐기다 보면 시간이 흘러간다. 그런 상태가 극기력이 활성화된 상태다. 아무 생각을 하지 않아도 시간이 흐르고 일이 잘되어 가는 상태, 그것도 지겹다는 생각을 할 겨를이 없이 일이 순탄하게 잘되어 가는 상태가 극기력이 좋은 상태다.

… 소리를 활용하라 …

사람은 음악에 민감하게 반응한다. 아니, 소리에 민감하다. 좋은 소리를 들으면 그 좋은 소리에 기인하여 좋은 감정을 갖게 되고 나쁜 소리를 들으면 그 소리로 인하여 스트레스를 받거나 나쁜 감정을 갖게 된다.

좋은 음악 소리를 들려준 닭이 건강에 좋은 달걀을 낳고 좋은 음악 소리를 들려주면서 키운 젖소가 건강에 좋은 육질을 낸다고 말한다.

극기를 함에 있어서 소리를 활용하면 자기 안에 잠자고 있는 잠재력을 깨울 수 있다. 아침에 일어날 때 듣는 알람 소리, 군대에서 기상을 알리는 나팔소리, 행진할 때 들려주는 행진곡 등은 소리로 인해 의식을 깨우는 것이다. 이처럼 소리로 사람의 의식을 조절할 수 있다. 일정한 소리를 계속적으로 반복해서 들려주면 그 소리에 중독되게 되고 그 중독된 자극에 의해 특정한 반응을 보이게 된다. 그래서 취침나팔 소리를 들려줘서 잠을 들게 하고 기상나팔 소리를 들려줘서 잠을 깨게 하는 행위를 반복하면 나중에는 그 소리만 들려주어도 기상할 때와 취침할 때 움직이던 세포들이 움직이게 된다.

이처럼 사람은 자극을 주면 반응을 보이게 되는데 이러한 원리를 자기의 극기력을 강화하는 원리로 활용하면 좋다. 새벽에 잠에서 일어나기 싫어도 알람 소리를 듣고 일어난다. 그런데 일상생활 속에서 그 소리를 들으면 마치 잠에서 기상할 때 알람 소리를 듣던 기분이 든다. 마치 자라 보고 놀란 가슴 솥뚜껑을 보고 놀란다는 말이 있듯 자기도 모르게 그 알람 소리에 반응을 보이는 것이다. 그러므로 꼭 해야 하는 것, 하지 말아야 하는 것 등 자기의 극기력을 키우기 위해서는 적정하게 소리를 잘 활용해야 한다. 아울러 의식적으로 그 소리에 중독되려고 일부러 의식해야 한다.

군대에서 훈련을 받을 때 적막한 상황에 있으면 아무런 용기도 나지 않는다. 그런데 활기차게 군가를 부르다 보면 힘이 솟구치는 기분을 느낄 수 있다. 그래서 강의나 행사를 진행하는 사람은 음향 효과로 분위기를 자아낸다. 쇼핑하던 사람도 신나는 음악을 들려주면 구매 속도가 빨라진다고 한다. 또 커피숍에서 클래식 음악을 들려주면 커피숍에 앉아 있는 시간이 길어지는 반면 템포가 빠른 음악을 들려주면 빨리 나간다고 한다. 그것이 음악 소리가 주는 효과다.

농부가 농가를 부르는 것, 뱃사공이 뱃노래를 부르는 것은 노래가 행동에 좋은 영향을 주기 때문이다. 또 노래로 한을 푸는 사람도 있고 뭔가를 깨뜨리는 소리로 스트레스를 푸는 사람도 있다. 마치 화가 나면 음악 소리를 크게 틀고 도로를 달리다 보면 화가 풀리는 것처럼 소리가 사람의 감정에 미치는 영향력은 크다.

소리로 극기력을 강화하기 위해서는 매일 아침 노래를 부르거나 슬로건을 외치는 훈련을 계속해야 한다. 그래서 스스로 자기를 이기는 사람으로 단련해야 한다. 이때 사람의 성향에 따라 청각에 민감하면 청각에 초점을 맞춰야 하고, 시각에 민감하면 시각에 초점을 맞춰야 한다. 왜냐하면 소리에 민감하게 반응을 보이는 사람이 있는가 하면 시각에 민감하게 반응하는 사람도 있기 때문이다.

… 게임 하듯 즐겁게 …

자기에게 주어진 일을 게임 하듯 그냥 즐겨야 한다. 자기가 하는 일을 게임을 한다고 생각하면서 일하는 사람은 성공한다. 자기 일을 게임 하듯 하기 위해서는 자신이 하는 일이 자기 일이라는 생각을 가져야 한다. 특히 직장인의 경우에는 회사 일을 자기 일이라고 생각해야 한다. 그렇지 않고 회사 일을 남의 일이라고 생각하면 일에서 재미를 느끼지 못한다.

일에 재미를 담기 위해서는 일에 스코어를 부여하고 일에 의미를 부여해야 한다. 일에 의미를 부여하면 그 일이 소중한 일이 된다. 또 스코어를 부여하면 일의 진도가 나갈수록 점수가 점점 높아지는 것을 보면서 일을 재미있게 할 수 있다. 일을 재미있게 하기 위해서는 그런 재미있는 수단을 자기 스스로 만들어서 일해야 한다.

따지고 보면 일하는 시간도 노는 시간도 자기의 금쪽같은 생명의 시간이다. 그러므로 회사에서 일을 하는 것을 자기 생명의 시간을 쓰는 것이라고 생각해야 한다. 일을 하는 시간은 자기 생명의 시간이다. 그러므로 어차피 해야 하는 일이라고 생각한다면 그 일 자체를 즐겨야 한다. 굳이 인상을 써 가면서 일할 필요 없다. 이왕 하는 직장 생활이라면 즐겁고 신나게 해야 한다. 어차피 하루 8시간은 회사에서 일을 해야 한다. 가능한 즐겁게 하는 것이 좋지 않은가?

　이왕 하는 회사 생활이라면 회사 일을 통해서 자기도 성장하고 조직도 성장하고 아울러 경영 성과도 향상되는 일을 해야 한다. 그러기 위해서는 개인과 조직의 성장이 일치되어야 한다. 그러나 회사에서는 그러한 일을 찾는 것이 어렵다. 왜냐하면 회사의 일이라는 것이 자기 마음대로 할 수 있는 일이 아니기 때문이다. 만약의 경우 자신이 하는 일이 오로지 회사만 위하는 일이라면 그 일을 빨리 마치고 자기 계발을 하는 시간을 확보하는 것이 좋다. 일에 대한 애착이 없다면 기본적으로 해야 하는 회사 일을 가급적 빨리 마치고 자유 시간을 확보하여 자기 성장과 발전을 기할 수 있는 일을 하는 것이 바람직하다.

8.

자부심과 자긍심을
가지고 나아가라

⋮

자기가 점점 나아진다고 생각하면 힘이 난다. 마치 등산할 때 정상에 가까워지면 힘이 나듯 자기가 점점 나아진다고 생각하면 없던 힘도 생긴다. 그러므로 극기력이 저하된다고 생각하면 자기가 점점 성장하고 있다고 생각해야 한다. 그것이 끊임없이 자기를 성장시키는 단초가 될 것이다.

⋯ 자부심과 자긍심을 갖자 ⋯

극기 중 가장 좋은 극기는 자기 내면에서 우러나는 극기다. 자기 극기력을 향상시키기 위해서는 우선적으로 자기 마음 안에서 극기의 불씨가 발화되어야 한다. 자기 내면에서 극기하고 싶은 마음이 생겨야 한다. 자기 토양에 맞는 농산물이 몸에 좋듯 자기의 내면에서 발현되는 극기가 제일 좋은 극기다.

특히 자기 자신에 대한 자부심과 자기가 하는 일에 대한 자긍심을 가지고 있으면 그로 인해 극기력이 대폭 향상된다. 자기가 하는 일에 자긍심을 가지고 있는 사람은 자기 스스로 열정을 파한다. 또한 자부심이 강한 사람은 어지간한 어려움은 쉽게 극복한다. 그러므로 극기력을 강화하기 위해서는 자부심을 강화해야 한다. 또 자기가 자기를 생각할 때 자기가 자랑스러워야 하고 자신을 사랑해야 한다. 자기가 자기 스스로를 사랑하고 자부심을 가지고 있으면 극기력이 대폭 향상된다. 아울러 일을 함에 있어서도 자기가 몸담고 있는 조직에 대한 자긍심이 강하면 강할수록 극기력이 향상된다.

자부심이 내적인 극기력을 길러 주는 자양분이라면 자긍심은 외적인 극기력을 길러 준다. 자부심이 개인적인 차원의 극기력이라면 자긍심은 단체적인 속성을 가진 극기력에 해당한다. 그래서 자부심과 자긍심은 극기의 양 날개다. 그러므로 극기력을 기르기 위해서는 자부심과 자긍심을 함께 길러야 한다. 자긍심이 강하면 자존감이 높아져 다른 사람이나 외부 환경에 쉽게 굴복되지 않는다. 또 자긍심이 있으면 어렵고 힘든 위기의 상황에 처해도 결코 서두르지 않는다. 자긍심이 있기에 자기 업무에 헌신하게 된다. 자기가 희생을 해서라도 조직의 힘을 키우기 위한 역할과 책임을 다한다.

자부심이 개인의 명예라면 자긍심은 조직의 명예다. 자부심과 자긍심이 전통이 되고 그것이 자랑이 된다. 그래서 자부심과 자긍심이 투철한 사람들이 극기력이 충만하다고 볼 수 있다.

··· 약한 나를 버리고 강한 나로 살자 ···

   사람은 두 얼굴을 가지고 산다. 개인 생활의 얼굴과 사회생활의 얼굴, 가정의 얼굴과 직장의 얼굴, 자기가 보는 얼굴과 타인이 보는 얼굴 등 아수라백작이나 하이드와 지킬 박사와 같이 필요에 따라 다른 모습을 보이는 얼굴들이 존재한다. 이중인격자나 이랬다저랬다 하는 양가감정 역시 두 얼굴이 빚어내는 야누스적인 행동이다.

   그리스 신화에 등장하는 야누스는 얼굴이 앞뒤에 있다. 본래 야누스의 의미는 앞과 뒤를 동시에 바라보는 시야가 넓은 측면을 이야기하지만 실제로는 변덕이 심하고 이중인격을 쓰는 사람을 대변하는 용어로 활용되고 있다.

   남성들만 있으면 그중에서 여성스러운 남성이 여성 역할을 하고 여성들만 있으면 그중에서 남성스러운 여성이 남성 역할을 하는 것처럼, 우주는 음양의 원리에 의해서 상호 쌍을 이뤄 조화와 균형을 맞추려고 한다. 그러므로 항상 긍정과 부정, 마이너스와 플러스, 음과 양, 어둠과 빛, 남극과 북극 등 어디에나 양면성이 있음을 알아야 한다. 그래서 어느 한쪽에 부정적인 시각을 가지고 있는 사람은 다른 한편에 긍정적인 성향을 가지고 있는 경우가 있을 수 있고 아주 착한 사람이 한편으로 아주 악한 성질을 가지고 있을 수 있다는 것을 알아야 한다.

극기력 측면에서도 마찬가지다. 강한 극기력을 가진 사람은 다른 측면에 매우 약한 극기력을 가지고 있다고 볼 수 있다. 그러므로 평소 생활하면서 자신감과 극기력이 넘치는 자기로 생활해야 한다. 그렇지 않고 자기를 학대하면 우울증이나 조울증에 걸려 극기력이 약한 생활을 하게 될 것이다.

자기의 극기력은 자기가 키워야 한다. 그런 과정에서 앞서 말한 바와 같이 음이 강하면 양이 강하다는 생각을 해야 한다. 선의 기운이 강하면 그 이면에는 강한 악의 기운이 존재한다는 사실을 의식해야 한다. 선을 선택할 것인지 혹은 악을 선택할 것인지는 자기에게 달려 있다. 자기 선택에 따라 다른 사람들에게 악인으로 평가받을 수 있고 선한 사람으로 평가받을 수 있다는 것을 알아야 한다.

같은 사람도 맹자의 성선설에 의한 경우와 순자의 성악설에 의한 경우로 생각할 수 있다. 우리는 신이 아니라 인간이다. 그래서 어떤 경우에는 잃어버린 한 마리의 양을 찾는 구세주가 될 수 있고 어느 순간에는 탕자와 같은 생활을 하는 타락한 인간이 되기도 한다.

자기 안에 있는 선한 늑대와 악한 늑대 중 자기가 먹이를 주는 늑대가 더 크게 성장한다. 그러므로 자기가 극기력이 약하다고 생각하면 그 생각을 멈추고 극기력이 강한 자기를 꺼내서 강한 모습으로 살아야 한다. 그래야 삶에 발전이 있다. 극기력이 약한 자기와 극기력이 강한 자기 중 늘 극기력이 강한 자기를 쓸 수는 없다. 왜냐하면 인간은 무한정 에너지를 쓸 수 없기 때문이다. 자기가 하루에 쓸 수 있는 에너지 용량의 한계 값은 어느 정도 정해져 있다. 그러므로 에너지를 적정하게 분배해서 사용해야 한다. 그렇지 않고 무분별하고 무계획적으로 사용하다 보면 돈을 무분별하게 낭비하다가 정작 필요한 시점에 사용하지 못하는 상황과 같은 상황에 처하게 될 것이다. 그러므로 그러한 위기에 봉착하지 않도록 극기력도 적정하게 안배해야 한다. 왜냐하면 아무런 전략 없이 닥치는 대로 힘을 쓰다 보면 어느 시점에서는 탈진한 상황에 처하게 되기 때문이다.

결론적으로 극기력을 향상시키기 위해 노력하는 것도 좋지만 자기가 현재 보유하고 있는 극기력을 적정하게 안배해서 사용하는 것도 중요하다. 그래서 이겨야 하는 전쟁에서는 꼭 이겨야 하고 져도 되는 전쟁에서는 져 주어야 한다. 그렇지 않고 져도 되는 전쟁에 힘을 다 쏟아붓게 되면 이겨야 하는 전쟁에서 힘을 발휘하지 못하는 상황으로 내몰리게 된다. 그러므로 가능한 한 힘을 비축해 두었다가 자기의 극기력이 꼭 필요한 일에 전력을 다해야 한다. 일반적으로 처세를 잘하는 사람들은 자기에게 주어진 상황에서 자기가 어떤 행동을 취하고 어떤 태도를 취해야 하는지를 잘 안다. 그래서 나서야 하는 경우와 숨을 죽이고 있어야 하는 경우를 헤아려서 행동한다. 그런 사람이 되어야 한다.

9.

온전히
나아가는 것에 집중하라

⋮

극기를 잘하기 위해서는 자기 힘을 온전히 자기 일에 쏟아야 한다. 자기가 하는 일에 완전히 미쳐야 한다. 자기 일의 흐름을 타고 자기가 하고자 하는 일에 온전히 몰입해야 한다.

바둑을 두다가 도낏자루 썩는 줄 모르게 푹 빠져 있는 상태 즉, 주변 상황을 인지하지 못할 정도로 자기 일에 푹 빠진 상태가 몰입의 상태다. 도박사들이 도박에 중독되고 술을 즐겨 하는 사람이 술에 중독되듯 사람들은 무엇인가에 완전히 몰입하면 자기가 가진 잠재력을 무한대로 발산한다. 아니, 자기 안에 있는 힘이 무한정 발휘되는 것이 아니라 자기도 모르는 힘에 이끌려 열중하게 되는 것이다. 그것이 몰입이다. 그러한 상태에 있는 사람을 속된 말로 그 일에 완전히 빠졌다. 혹은 그 일에 완전히 미쳤다고 말한다.

살아가면서 좋은 미침은 좋다. 도박이나 사기 혹은 도둑질에 중독되는 나쁜 미침이 아니라 남을 위하고 타인에게 복된 일에 힘을 다하는 좋은 미침에 중독되어야 한다. 그러한 상태가 극기력이 가장 강한 상태라고 볼 수 있다. 결국 극기하는 것은 해당 분야에 몰입하여 정신줄을 놓을 정도의 무아지경 상태에 이른 것을 말한다. 마치 수도승이 무아지경 열반의 상태에 빠지듯 말이다.

그러므로 극기력이 약하다, 혹은 실력이 없어서 안 된다고 생각하는 일도 일단 꾸준히 해 보자. 근성과 끈기를 가지고 계속하다 보면 어느 순간에 푹 빠지게 될 것이다. 그래서 완전히 몰입 상태에 이르게 될 것이다. 그 몰입의 힘이 바로 극기력이다. 그래서 한 가지 분야에 정통한 사람이 다른 분야에서도 정통한 면모를 보이는 것이다.

모든 전문가는 처음에는 초보였다. 그런데 어렵고 힘든 시절을 잘 지내왔기에 전문가 대열에 오른 것이다. 마찬가지로 하기 싫은 일이어도 해야 한다면 억지라도 계속해야 한다. 남이 10시간이 걸려서 했다면 자기는 그보다 백배의 시간을 들여서라도 해내야 한다. 그러다 보면 어느덧 자기도 모르게 초보를 넘어 좋아하는 단계에 이르게 되고 그 단계를 넘어서면 전문가의 단계인 자기도 모르게 즐기는 단계에 이르게 될 것이다.

무엇이든 계속해서 많이 해 본 사람이 이길 수밖에 없다. 무슨 일이든 반복적으로 계속하는 사람이 앞설 수밖에 없다. 그러므로 반복적으로 계속하자. 머리가 일하는 것이 아니라 엉덩이가 일한다. 머리를 써 가면서 일하는 것이 아니라, 일단 오래도록 앉아 있으면 그로 인해 그 분야 전문가가 된다.

끝까지 살아남는 자가 가장 강한 자다. 그러므로 강한 자가 되기 위해서는 일단 버텨야 한다. 일단은 참아야 한다. 참고 버티는 힘이 성공을 부른다. 일단은 참고 버티면 그로 인해 큰 힘을 발휘하는 단초를 제공받게 되고 그러함이 계속 이어지다 보면 성장이 가속될 것이다. 성공은 준비가 기회를 만났을 때 찾아온다. 자기가 꾸준히 준비하는 과정에서 기회를 만났을 때 결실을 맺게 된다는 것을 생각해서 힘껏 정려해야 한다. 그때 길러지는 극기력이 알짜 극기력이다.

··· 피를 흘려라 ···

극기력을 키우기 위해서는 피를 흘려야 한다. 붉은 선혈을 흘려야 참 극기력이 생긴다. 또 그렇게 흘린 피로 인해서 극기력이 더욱 향상된다. 여기서 말하는 피는 열정의 피, 인내의 피, 끈기의 피다.

극기력을 키우기 위해서는 열정(passion)의 피를 흘려야 한다. 보다 열정적으로 생활해야 한다. 열정은 몰입을 가져오고 강한 열정이 강한 행동을 가져온다. 그러므로 무슨 일이든 그것을 할 때는 끝까지 하는 힘이라고 말하는 열정을 발휘해야 한다.

열정은 계속해서 뜨겁게 달아오르는 힘을 말한다. 순간적으로 확

달아오르는 힘이 아니라 계속해서 달아올라야 한다. 그러한 열정이 있으면 극기력이 생긴다. 내 안에 있는 특별한 힘이라고 말하는 열정은 평상시에는 잘 발휘되지 않는다. 하고자 하는 의욕과 필요성, 그리고 긴급성과 유익함이 있어야 발휘된다. 그러므로 항상 그러한 열정을 갖기 위해서 노력해야 한다. 아니, 열정이 없어도 마치 열정이 있는 사람처럼 행동해야 한다. 그러면 그로 인하여 극기력이 강한 열정적인 사람이 될 것이다. 아울러 인내(patience)와 끈기(persistence)의 피를 많이 흘려야 한다. 엄밀하게 말해서 인내와 끈기는 다르다. 인내는 일순간의 단기적인 참을성을 의미하고 끈기는 장기적인 참을성을 의미한다. 짧은 순간 참는 것이 아니라 계속 참아야 한다. 자기가 아무리 잘 참는다고 해도 목표를 이룰 때까지 오래도록 참아 내는 힘이 없으면 크게 성공할 수 없다.

··· 오기와 극기로 하자 ···

자기 스스로 하고 싶어 하는 것도 남이 시키면 하기 싫어진다. 반대로 하기 싫은 일도 자기가 원해서 한다고 생각하면 그 일에 정성을 다하게 된다. 그러므로 극기력을 기르기 위해서는 자기 스스로 하는 일이 많아야 한다. 자기가 자발적이고 능동적으로 처리하는 일이 많으면 많을수록 극기력이 증가한다. 반대로 타인의 지시에 의해서 일을 한다면 다양한 스트레스의 상황에 놓이게 될 것이다. 아무리 사소한 일이라도 자발적으로 하는 일이라고 생각하면 자신감이 생기고 여유가 생겨 생각의 폭이 넓어진다. 하지만 남이 시켜서 하는 일은 시키는 대로 하면 된다는 생각으로 애써 노력하지 않는다. 그러므로 자기 의지대로 자기 삶을 살기 위해서는 자기가 하는 일을 자기 스스로 하려고 해야 한다. 자기 주도적으로 일을 하면 극기력이 향상된다. 왜냐하면 자기가 주인이라고 생각하는 일은 함부로 하지 않고 전력을 다하기 때문이다.

… 나이를 망각하라 …

'나이는 숫자에 불과하다.'는 말이 있다. 진짜로 나이는 숫자에 불과한가? 나이 먹은 사람들이 툭하면 이제는 나이를 먹어서 늦었다는 말을 많이 한다. 예전에는 그러지 않았는데 이제는 나이를 먹어서 일이 생각처럼 잘되지 않는다고 말한다. 혹은 몸이 생각처럼 말을 듣지 않는다는 말을 곧잘 한다. 그만큼 나이를 먹을수록 나이를 의식하고 모든 것을 나이 탓으로 돌리는 경향이 많다. 특히 자신에게 불리할 때는 자기가 나이를 제일 많이 먹어서 자기는 열외 해야 한다고 말한다. 반대로 자기에게 유리할 때는 자기가 나이를 제일 많이 먹은 연장자이므로 자기가 제일 먼저 해야 한다고 말한다. 그렇게 사람은 자기 이익과 자기 기쁨과 자기 쾌락을 위해서 나이를 무기로 활용한다. 그런데 나이를 이용하여 자기를 보호하고 자기 이익을 꾀하려는 것은 결국 소탐대실의 우려가 있다. 즉 나이를 들먹이면서 윗사람으로 대우받고 대접받는 것은 좋지만 그로 인해 자기가 진짜 나이 먹은 사람이 되어 간다는 것을 알아야 한다. 즉 나이는 잊고 살아야 한다. 생각을 젊게 하고 무엇이든 하고자 하는 바를 향해 집념을 가지고 열정적으로 일해야 한다. 나이가 적다고 청춘이 아니라 생각이 젊어야 청춘이다. 나이를 먹었어도 생각을 젊게 가지면 젊은 사람처럼 행동하게 된다는 것을 알아야 한다. 몸은 60대지만 청춘 같은 마음으로 살아가면 몸은 늙되 정신이 늙지 않게 된다.

자기 스스로 강한 사람이고 나이는 단지 숫자에 불과한 것이라고 생각하면 그에 맞는 기운으로 생활하게 된다. 그렇다고 해서 모든 경우에 그런 생각을 가지라는 것은 아니다. 건강과 관련한 운동이나 취미 생활을 함에 있어서는 나이에 걸맞게 해야 한다. 젊을 때 축구를 했다고 해서 오십 대가 넘어서도 축구를 한다면 몸에 무리가 가게 마련이다. 자기가 50대라는 것을 유념해야 한다. 그렇지 않고 무리하면 젊을 때처럼 회복이 되지 않는다. 그러므로 나이가 들면 그 나이에 맞는 운동을 해야 하고 그 연령에 맞는 취미 생활을 해야 한다.

나이를 먹었으면 그 나이에 맞는 값을 해야 한다. 그래서 어렵고 힘든 일이라도 자기가 나서서 후배들에게 모범을 보여야 하는 상황에서는 모범을 보여야 한다.

또 자기가 손해를 보더라도 다른 사람에게 이익이 되고 쾌락이 되는 경우라면 자기가 희생하려는 마음을 가져야 한다. 그것이 나이든 사람으로서 지혜롭고 슬기롭게 생활하는 것이다. 또 나이라는 것을 잘 포장해서 자기를 브랜드화 하는 수단으로 활용해야 한다. 이는 나이를 먹었으면 그 나이에 걸맞은 옷차림과 품격을 가져야 함을 의미한다.

　나이를 잊고 산다는 것은 자신감을 유지하는 것이라고 볼 수 있다. 자신감을 약화시키는 주된 요인은 나이를 먹었다는 생각에서 비롯된다. 나이를 먹었다고 생각하기에 매사 자신감이 없어지고 나약해지는 것이다. 그 정도로 생각의 나이가 주는 힘은 아주 강하다.

　사실 극기의 힘은 마음에서 비롯된다. 그러므로 항상 마음을 잘 무장해야 한다. 그 중에서 가장 강한 마음은 영혼이 함께하는 마음이다. 마음 중에서 가장 진실한 마음은 영혼 속에 있다. 영혼 속에 있는 마음이 가장 좋은 마음이고 그 마음이 가장 진실한 마음이다. 그 마음 안에 있는 영혼이 나이를 먹지 않도록 해야 한다. 그러기 위해서는 그 영혼을 감싸고 있는 마음이라는 코팅 막을 더 강하게 단련해야 한다. 나이를 먹어서 어쩔 수 없구나 하는 생각으로 영혼을 감싸는 마음의 피막이 벗겨지지 않도록 해야 한다.

10.

악습을
버리고 나아가라

⋮

자기를 이기기 위해서는 나태한 자기의 습관과 싸워야 한다. 또 자기의 나태하고 태만하고 게으른 근성을 버리기 위해서는 자기의 나쁜 습관을 고쳐야 한다. 자기의 나쁜 생활 습관을 고치는 것도 극기력을 기르는 것이다.

일반적으로 습관의 문제를 자극과 반응 관계로 설명한다. 계속되는 자극에 대해 일정한 반응을 보이게 되고 그것이 계속 반복되면 습관이 된다. 그래서 처음에는 내가 습관을 형성하지만 나중에는 습관이 나를 좌지우지한다.

자기가 낭비벽이 있어서 돈을 아끼려는 극기를 하려고 한다면 제일 먼저 돈을 쓰지 않도록 절제하고 통제하는 수단이 있어야 한다. 두더지 게임에서 두더지가 나오려고 하면 망치로 두더지를 때리듯이 자기의 구태의연한 악습이 고개를 들려고 하면 그것을 억제시켜 주는 특별한 무기가 있어야 한다. 그것이 자기 성찰이고 기도다. 하기 싫은 것을 해야 하는 상황에서는 하게 해 달라고 기도하고, 하지 말아야 하는 상황에서는 하고 싶어도 하지 말아야 한다고 성찰해야 한다. 그러면 그것이 행동으로 연계되지 않는다. 생각이 있어도 행동하지 못하는 사람이 있고 생각하지 않아도 행동하는 사람이 있기 마련이다. 가장 이상적인 것은 자기가 생각한 것을 행동으로 연계하는 습관을 갖는 것이 중요하다. 자기가 하고 싶다는 생각을 가지고 습관적으로 행동하다 보면 생각한 것을 즉시 행동으로 연계하는 습관이 생기게 된다. 자기가 생각하고 있는 것을 즉시 행동으로 연계하는 습관을 가지고 있으면 굳이 무의식과 타협하고 경쟁할 필요가 없다. 미처 무의식이라는 녀석이 나오기 전에 곧바로 행동으로 연계되기 때문이다. 그래서 기업체에서는 직원들의 변화와 혁신을 가속화하기 위한 수단으로 즉시 실천하는 습관을 기르도록 하고 있다. 생각했다면 이것저것 비교하지 말고 즉시 실천하라는 것이다. 그렇게 함으로써 생각과 행동의 거리를 단축시키는 것이다.

사실 극기하려 해도 잘 안 되는 이유는 자기가 생각하는 것과 행동하는 것과의 시간적인 거리가 멀기 때문이다. 생각하고 행동하는 시간을 머리에서 가슴으로 내려오는 시간이라고 말한다. 그래서 세상에서 가장 가깝고도 먼 거리가 머리에서 가슴까지의 거리라고 말한다. 그 거리가 짧은 사람이 극기가 생활화된 사람이다. 그러니 가슴에서 생각에 이르는 시간을 줄여야 한다. 그 방법은 즉시 실천하는 습관을 기르는 것이다. 왜냐하면 머리에서 생각한 것을 바로 가슴으로 이어 줌으로써 무의식이 미쳐 관여할 틈을 주지 않기 때문이다.

요리조리 눈치를 보면서 자기가 생각한 것이 무의식과 비교할 시간적인 여유를 주지 말아야 한다. 그렇게 함으로써 의식을 무의식 안으로 끌어들여야 한다. 자기가 가지고 있는 무의식이라는 녀석이 가능한 발동하지 않게 해야 한다. 그렇다고 해서 즉시 실천하는 것이 어느 때든 다 좋은 것은 아니다. 심사숙고해서 행동으로 이어가야 하는 경우도 있고 자기가 행동하기 전에 신중하게 생각해서 결정해야 하는 경우도 있다. 그러므로 즉실천해야 하는 사항인가 혹은 신중하게 결정해서 행동해야 하는 상황인가를 잘 판단해서 행동해야 한다. 그것이 올바른 즉실천법이다.

결과적으로 극기의 문제는 무의식과 싸워서 무의식을 이겨야 하는 문제다. 무의식을 이겨야 한다. 그러기 위해서는 자기가 무의식과의 싸움에서 이길 수 있는 강력한 무의식을 가지고 대적해야 한다. 결코 현재 의식으로 무의식과 대적하지 말아야 한다. 왜냐하면 현재 의식으로 무의식과 대적하다 보면 자기 합리화나 핑계로 인하여 무의식에게 승리의 자리를 내주기 때문이다. 그러므로 무의식을 이겨 먹기 위해서는 무의식과의 싸움을 일단 피해야 한다. 그것이 바로 즉시 실천하는 것이다. 무의식이 미처 관여하지 못하는 찰나에 즉시 실천해야 한다. 그러면 무의식을 이길 수 있다. 아니, 무의식을 이기는 것이 아니라 무의식을 피하는 것이다. 잠자는 호랑이를 깨워서 좋을 것은 없다. 그냥 조용히 신속하게 행동해서 무의식이라는 호랑이가 깨어나지 않게 해야 한다. 그것이 자기를 이기는 힘이다.

자기를 이기는 사람은 실행력이 높다. 자기가 결심한 것을 곧바로 실천하고 언행일치를 잘하는 사람이 바로 극기력이 강한 사람이다.

··· 정례화하면서 나아가라 ···

정기적이고 반복적으로 하는 일은 정례화하는 것이 좋다. 계속해야 하는 것, 정기적으로 해야 하는 것, 주기적으로 해야 하는 것, 계속해서 해야 하는 것, 규칙적으로 해야 하는 것은 가능한 그것을 특정한 시점에 하도록 정례화하는 것이 좋다. 특히 혼자가 아닌 대중의 참여를 유도하거나 특별한 사람을 특별한 장소에 모이게 하기 위해서는 특별히 정한 시간에 특별히 정한 장소에서 하도록 해야 한다. 그래야 실효성을 거둘 수 있다.

사람들은 특정한 요일과 특정한 시간에 특정한 것을 계속 반복하면 그것에 중독되어 하지 않으면 금단 증세를 보인다. 그러한 금단 증상이 들 정도로 하기 위해서는 규칙적으로 정해진 시간에 동일한 방식으로 계속 주입해야 한다. 그래야 중독된다. 그렇지 않고 일정한 규칙이나 규율이 없이 마음대로 하다 보면 일정한 틀이 형성되지 않아 습관으로 형성이 되는 데 오랜 시간이 걸린다. 그러므로 정신이 산만해지지 않고 의식적으로 하지 않아도 조건반응을 보일 수 있도록 정례화해야 한다. 그러다 보면 자기 자신도 모르게 그것이 습관이 되고, 그 습관으로 인해 결국 자기 스스로 그 특별한 행위와 의식의 습관이 자리하게 된다.

11.

최고를
향해 나아가라

⋮

　자기가 최고라고 생각해야 한다. 자기는 누가 봐도 최고라는 생각을 가지고 생활해야 한다. 자기는 남과 다르며 선택된 사람이라는 생각을 가져야 한다. 이스라엘 사람들이 자기 민족은 하느님으로부터 선택받은 민족이라는 생각을 가지고 생활하듯 자기는 다른 사람과는 다른 특별한 능력을 지닌 사람이라고 생각해야 한다. 자기가 특별한 사람이라고 생각하면 특별하게 생각하게 되고 특별한 행동을 취하게 된다.

　여기서 말하는 특별한 사람 혹은 자기가 최고라고 생각하는 것이 남과 다른 대우를 받아야 하고 자기가 남보다 더 잘났다고 생각하는 특권 의식을 말하는 것은 아니다. 여기서 자기가 최고라고 생각하라는 것은 자기는 남과 다른 생각을 하고 남과 다른 특별한 사람이기에 특별하게 극기를 잘하는 사람이라고 생각하라는 것을 의미한다. 다른 사람은 게으르고 나태해서 자기를 이기지는 못하지만 자기는 남과 다른 특별한 능력을 가지고 있기에 능히 자신을 극복할 수 있다고 생각해야 한다.

자기는 최고이고 자기는 세계 최고의 신기록을 보유하고 있기에 자기 자신쯤은 능히 극복할 수 있으며, 무슨 일이 있어도 극기하는 사람이라고 생각하는 것이다. 또 자기는 세계 최고이기에 세계 최고로서의 자질과 세계 최고다운 행동을 하는 사람이라고 생각해야 한다. 자기는 절대자가 특별한 권능을 준 사람이라고 자기를 세뇌하는 것이다. 아울러 자기는 특별한 사람이기에 특별하게 행동해야 하는 특별한 사람이라고 생각해야 한다. 그런 특권의식을 가지고 있어야 한다. 그래야 다른 사람에게는 없는 신비의 마력을 내뿜게 된다.

또 사명 의식과 공인 의식을 가져야 한다. 직장인의 경우에는 직책을 가지고 있거나 특별한 역할을 가지고 있는 사람이 대부분 일찍 출근한다. 자기가 차지하고 있는 위치가 특별하다고 생각하는 사람은 다른 사람에 비하여 특별한 사명과 책무를 가지고 있다고 생각한다. 자기가 아주 특별한 일을 하고 있기에 자기는 남과 다른 언행을 구사해야 한다고 생각한다. 바로 그러한 생각을 가지고 있어야 한다. 그래야 자기의 특별한 의식에 준하는 특별한 행동을 하게 된다. 그렇다고 다른 사람들과 너무 거리를 두는 것은 좋지 않다. 논어에서 공자는 대인은 특별하다고 생각하되 다른 사람과 잘 어울리고 소인은 자신이 특별하지도 않으면서 사익을 위해 특정한 당을 편성하려고 한다고 말한다. 그만큼 누구나 특별하다고 생각하면 자기가 신화적인 존재라고 착각하고 자만하는 사람이 많은데 그런 생각을 버려야 한다. 오로지 낮은 자세로 아주 겸손한 마음으로 생활해야 한다. 자기 자신에게 특별함을 강조하되 다른 사람과 함께 있을 때에는 다른 사람을 섬기는 마음을 가져야 한다. 또 자기가 특별한 대우를 받으려고 하지 말아야 한다. 무릇 가장 강한 사람은 다른 사람에게는 부드럽고 유연하면서 자기에게 강한 모습을 보이는 사람임을 알아야 한다.

… 차별화 의식을 가져라 …

자기는 평범한 사람들과는 분명히 다르다는 것을 인식해야 한다. 자기는 일반 사람들과는 다른 특별한 사람이기에 인내력과 극기력이 남다르다고 생각해야 한다. 아울러 그러한 생각을 드러내지 말고 속내를 감춰야 한다. 즉 자기 스스로 자신을 특별한 사람이라고 생각하되 다른 사람에게는 내색하지 말아야 한다. 어찌 보면 양두구육의 삶을 사는 것이라고 볼 수 있다. 자기 안에는 용의 기상을 갖추되 밖으로는 그 위상을 드러내지 말고 미물처럼 행동해야 한다.

특히, 직장인이라면 자기가 그 직장을 실제로 경영한다는 생각을 가져야 한다. 자기가 경영자이고 주인이며 주주라는 생각을 가지고 직장 생활을 해야 한다. 실질적으로는 주인이 아니지만 마음 안에는 주인 의식을 가지고 있어야 한다. 그런 사람이 실제로 남과 다른 생각으로 생활하는 사람이다. 일반 직장인의 눈이 아니라 경영자의 눈으로 살아가면 모든 행동이 남다를 수밖에 없다. 자기가 직장인이라고 생각하지 않고 경영자이고 기업가라고 생각하면 기업가적 마인드로 모든 일을 대하게 된다. 그렇지 않고 자기가 월급쟁이라고 생각하면 그 이상으로 생각이 성장하지 못한다.

"조직의 크기는 리더의 생각을 넘어서지 못한다."는 말이 있듯 사람의 행동은 그 사람이 가진 생각의 크기를 넘어서지 못한다. 즉 큰 생각을 가진 사람이 큰 행동을 하고 큰 비전과 큰 꿈을 가진 사람이 큰 성과를 낸다는 것을 알아야 한다.

극기력에서도 그러하다. 견디기 힘들어도 자신은 특별한 사람이기에 이런 정도는 식은 죽 먹기라고 생각해야 한다. 또한 다른 사람이 다 포기해도 자기는 그런 사람들과는 본질적으로 다르다고 생각해야 한다. 그런 생각을 가지면 그런 생각으로 인해 특별한 행동을 하게 된다. 그런 특별한 생각은 그냥 주어지는 것이 아니다. 실제로 많은 것을 경험해 보고 실제로 큰물에서 놀아 봐야 하고 남과 다른 큰 고통을 당해 봐야 한다. 그러면 세상을 사는 것이 별것 아니라는 생각을 하게 된다. 또 세상을 보다 큰 눈으로 바라보는 관점이 생긴다. 그런 특별한 경험이 자기를 특별한 사람으로 만든다. 특별한 행동을 하기 위해서는 특별한 생각을 해야 한다. 그러한 특별한 생각이 특별한 행동을 하게 하는 특별한 극기력이다.

자기는 다른 사람처럼 평범하게 살아갈 운명이 아니라 특별한 사명을 가진 사람이라는 생각, 자기는 현재 자기와 어울리는 사람과는 차원이 다른 사람이라는 자부심을 가져야 한다. 아마추어와 프로의 마음은 사뭇 다르다. 또 국내의 리그에서 뛰는 선수와 해외 리그에서 뛰는 선수들은 수준이 다르다. 이처럼 자기가 어떤 생각의 크기를 갖느냐에 따라 행동의 크기가 달라지는 것이다.

… 목표를 향해 나아가라 …

하고 싶은 것이 있어야 하고 싶어진다. 갖고 싶은 것이 있어야 갖고 싶어진다. 이야기하고 싶은 마음이 있어야 이야기를 하고 싶어진다. 보고 싶은 마음이 있어야 보고 싶어진다. 알고 싶은 마음이 있어야 알고 싶어진다. 그렇다. 사람은 뭔가 하고 싶고 되고 싶고 갖고 싶어야 하게 된다. 고로 원해야 한다. 있어도 그만 없어도 그만이라는 생각으로는 극기력이 생기지 않는다.

극기력을 강화하기 위해서는 바라고 원하는 목표가 있어야 한다. 그래야 그 목표에 상응하는 정도의 극기력이 생긴다. 목표를 세우는 것을 보면 그 사람이 얼마나 극기력이 있는가를 알 수 있다. 도전적인 목표를 세우는 사람은 극기력이 강한 사람이다. 그렇지 않고 형식적인 목표를 세우는 사람은 극기력이 낮을 확률이 높다. 그렇다. 극기지수는 목표가 있느냐 없느냐에 따라, 또 목표가 있다면 어느 정도 도전적인가에 달려 있다. 목표가 도전적인 경우라면 마음의 각오를 달리할 것이다. 하지만 목표가 낮다면 상대적으로 긴장을 풀게 마련이다. 그러므로 목표는 가능한 높게 잡아야 한다.

6시그마 이론 중 '3퍼센트의 개선은 불가능하지만 30퍼센트의 개선은 가능하다.'는 말이 있다. 목표를 높게 잡으면 기존의 방법에서 벗어나 혁신적인 방법을 고민하게 된다. 높은 목표를 달성하기 위해서는 새판을 짜야 한다. 그러한 목표를 세워야 한다. 그래야 그 목표로 인해 극기력이 커지게 된다. 아울러, 그 목표가 달성되면 또다른 목표를 세워서 계속 진화해야 한다. 3년 후, 5년 후, 10년 후의 목표를 계속 세워야 한다. 그래서 그러한 목표를 달성하는 과정에서 자기 삶의 태도와 습관을 바꿔 가야 한다. 어떻게 생각하면 극기는 습관에 대한 문제이고 생활 방식에 관한 문제다. 참고 견디는 것도 습관이고 절제하고 근검절약하는 것도 습관이다. 극기가 습관이 되고 생활 방식이 되어야 한다. 목표를 세우고 목표를 향해 노력하는 사람들은 극기력이 충만한 사람이다. 목표를 가지고 있으면 그 목표에 따른 선택적 지각에 의해 관점이 재편된다. 목표 달성을 향한 방면으로 두뇌 구조가 바뀌고 생활 습관과 방식이 바뀌게 된다.

12.

이왕이면
비단길로 나아가라

⋮

자기 극기력을 키우기 위해서는 자기 안에 하고 싶어 하는 마음이 있어야 한다. 뭔가를 하고 싶어 하는 마음이 있어야 하고, 그것을 하고 싶어 안달이 나야 한다. 그래야 하고 싶어 하는 의욕에 의해 행동이 유발되고 그 행동에 기인하여 얻어진 결과에서 성취감을 느낀다. 그러한 선순환이 이뤄져야 그로 인해 극기력이 커진다. 극기력은 그냥 길러지는 것이 아니다. 어렵고 힘든 상황에서 길러지는 경우도 있지만, 맑은 날에 자라는 화초처럼 좋은 일을 하거나 자기가 좋아하는 일을 하는 과정에서도 생긴다. 그러므로 극기력을 기른다고 일부러 고생하거나 힘든 일을 할 필요는 없다. 고생은 피할 수 있으면 피하는 것이 좋다. 일부러 무모하게 힘을 낭비할 필요가 없다. 자칫 잘못하다가 자기도 모르는 사이에 골병든다. 그러므로 굳이 고생을 찾아서 할 필요는 없다. 고생을 사서 하는 것은 가난한 사람들의 성공 원리다. 부자들은 이왕이면 편하게 생활하라고 말한다. 부자와 가난한 사람의 성공 원리는 다르다.

어렵고 힘든 상황에 처하면 아픔과 시련으로 인하여 주변을 미처 돌아볼 겨를 없이 바쁘게 보내게 된다. 너무 바쁜 나머지 자기 주변 사람들도 제대로 돌보지 못하고 자기가 사랑하는 사람마저 돌보지 못하는 상황에 처하게 된다. 그런 상태로는 크게 성공하지 못한다. 이왕이면 부자의 성공 원리로 살아야 한다. 가난해 보이지 않고 부자처럼 보여야 한다. 부자처럼 보이면 부자가 된다. 다른 사람들도 부자처럼 대우한다. 그래서 부자가 된다. 가난하게 보이면 사람들이 가난한 사람 취급해서 결국 가난한 사람이 된다. 이것이 부자들의 성공 원리다.

··· 극기의 힘을 끌어들여라 ···

극기력을 기르기 위해서는 자기만의 목표가 있어야 한다. 달성하고자 하는 목표, 취하고자 하는 비전, 이루고자 하는 꿈이 있어야 한다. 목적지 없이 표류하는 삶은 극기력을 기르는 데 역부족이다. 자기가 힘을 키우기 위해서는 내적으로 하고자 하는 마음이 있어야 하고 자기 마음 안에 열정을 표출할 수 있을 정도의 목표가 있어야 한다. 이루고 싶은 것이 있어야 이루고 싶은 마음에서 그것을 이루는 동안 극기력이 커진다. 또 자기에게 목표가 있어야 그 목표를 달성하기 위해 혼신의 힘을 다하게 된다. 그로 인하여 극기력이 자연히 생기는 것이다. 목표를 향하여 걸어가는 일련의 과정이 극기를 이루는 요소가 된다. 또 목표를 향하여 나아가는 과정에서 극기력이 강화된다.

13.

즐거운 생각을
하면서 나아가라

⋮

출근하기 싫고 아무 것도 하기 싫은 날이 있다. 충분히 잠을 자지 못해서 피곤한 경우도 있고 왠지 모르게 기운이 빠지고 만사 귀찮은 날도 있다. 그렇다고 쉴 수도 없고 아무 것도 안하고 손을 놓고 있을 수도 없다. 그런 경우에는 토요일과 휴일을 생각하면서 참아야 한다. 주 5일 근무로 인해 일주일에 5일만 일하면 이틀을 쉰다. 또 월요병으로 인해 시간이 가지 않으면 앞으로 4일만 더 출근하면 쉰다는 생각을 하면 된다. 또 매너리즘에 빠져 무료한 생활을 할 때는 연휴를 생각하면 된다. 시간이 지나면 휴가를 간다는 생각을 하면 된다. 그러면서 일이 손에 잡히지 않는다면 휴가 계획을 세우면서 힘을 내야 한다. 휴가 계획을 세우면서 뭐를 할까를 생각하면 힘이 난다.

휴가를 갈 수 있다는 것은 일하는 사람들이 가질 수 있는 특권이다. 일하지 않고 노는 사람은 매일매일이 휴일 같지만 그야말로 고통의 나날이다. 노는 것도 하루 이틀이지 연속해서 논다는 것은 고통이 아닐 수 없다. 그러므로 자기가 일을 하고 있다는 것, 일할 수 있는 곳이 있다는 것, 출근할 곳이 있다는 것, 그리고 월급을 받는 곳이 있다는 것에 감사해야 한다. 또 일하기 싫고 힘이 빠지고 기운이 없어도 회사에서 휴식을 취하면서 힘을 얻는다는 생각으로 출근해야 한다.

　일을 하기에 놀 수 있는 것이다. 땀 흘려 일하고 있는 자체가 소중한 것이다. 그러므로 일을 하기 싫을 때는 그냥 억지로 일을 하려고 하지 말고 중간중간에 휴식을 취하면서 마음을 편하게 하면 된다. 그리 크게 걱정할 것 없다. 그냥 회사에만 나가면 월급이 나오는 직장이 있음에 감사하자.

　허드렛일을 하고 남이 보기에 별로 좋지 않는 곳에서 직장 생활을 하더라도 자격지심을 갖지 말아야 한다. 고기를 먹든 물을 먹든 야채를 먹든 먹고 사는 것은 똑같다. 중요한 것은 먹고 살아야 한다는 것이다. 마찬가지로 일을 해서 생계를 유지해야 한다. 그것만 생각하면 된다. 양복을 입고 번지르르하게 생활하는 것이 좋아 보이고 다른 사람에게 교수나 강사라는 호칭을 받으면서 생활하는 것이 좋아 보여서 자기가 현장에서 하는 일이 하찮게 느껴진다면 잘못된 생각이다. 무슨 일을 하든 상관없다. 일을 하고 있는 그 자체가 귀한 것이다.

　이에 더하여 5년 후, 10년 후에 자기가 원하는 위치에 있을 것이라는 희망에 집중하자. 미래에 무엇을 하는가가 중요하다. 그러므로 현재에 자기가 무슨 일을 하든 개의치 말고 그냥 마음 편하게 주어진 일을 하면 된다. 자기가 무슨 일을 하든 열정을 다해서 일하고 미래를 위해서 준비의 준비를 거듭하면 된다. 현재 자기가 무슨 일을 하든 중요한 것은 일을 하고 있다는 것이다. 아울러 그냥 일을 하는 것이 아니라 지금은 힘들지만 먼 훗날에는 더 좋은 자리에 오르게 될 것이라는 생각으로 일을 해야 한다.

··· 쉴 때 쉬고 할 때 하자 ···

쉬고 싶을 때는 쉬어야 한다. 또 하고 싶을 때는 해야 한다. 그런 생활은 자기 마음대로 생활 할 때나 가능한 생활이다. 조직이나 단체 등 직장 생활을 할 때는 그러한 논리가 통하지 않는다. 자기가 하기 싫어도 해야 하는 것이 직장 생활이다. 자기가 하기 싫어도 해야 하고 자기가 하고 싶어도 하지 못하는 경우의 수가 많은 곳이 직장이다. 그런 직장에서 살아남기 위해서는 직장에서 하라는 것은 해야 하고 하지 말라는 것은 하지 말아야 한다. 그러면서 쉴 때 쉬고 할 때는 해야 한다. 자기 일이든 남의 일이든 사적인 일이든 공적인 일이든 할 때 하고 쉴 때 쉬는 것을 습관화해야 한다. 그것이 생활 습관으로 자리하게 되면 성과도 잘 나오지만 생활에 활력과 리듬이 더해진다. 똥인지 된장인지도 구분하지 못할 정도로 미적미적 시간을 끌고, 하는 것인지 하지 않는 것인지를 모를 정도로 얼렁뚱땅 넘어가는 사람들이 많은데 그것은 극기력에 별로 도움이 되지 않는다.

극기력을 기르기 위해서는 시작과 종료의 경계가 명확해야 한다. 하는 것도 아니고 안 하는 것도 아니고, 쉬는 것도 아니고 일하는 것도 아닌 상황에서는 극기력이 시들어서 괄목할 만한 성과를 창출할 수 없다.

명확하게 경계를 드러내지 않고 뭐가 뭔지 모호하게 일하는 것은 시간을 잡아먹는 시간 도둑이고 사람을 지치게 하는 천적이다. 그러므로 일을 할 때는 시작과 끝을 명확히 해야 한다. 그래서 쉬는 시간에는 충분히 쉬어 주어야 한다. 또 일을 할 때는 일에 집중해야 한다. 그래야 성장과 번영을 기약할 수 있다. 아울러 다 함께 할 때는 하고, 일을 하지 않고 휴식을 취해야 하는 경우에는 함께 휴식을 취해야 한다. 그래야 성과도 많이 내고 몸에 무리가 가지 않는다. 쉬어 주어야 하는 상황에서는 충분히 휴식을 취해 줘야 긴장을 완화할 수 있고, 그때 충전된 힘으로 더욱 정열적으로 일을 할 수 있다. 결과적으로 휴식한 힘으로 열정적으로 일하게 되고 열정적으로 일을 했기에 다시금 달콤한 휴식을 취할 수 있다. 그러한 선순환이 지속되면 극기력이 대폭 향상된다.

14.

전통을
유지하면서 나아가라

⋮

자기 인생은 순수 자기의 삶이다. 자기 인생이라는 작품은 자기가 만들어야 한다. 자기 인생을 남에게 그리게 하는 것은 자화상이 아닌 초상화 같은 삶을 사는 것이다. 자기 얼굴을 자기가 그리는 자화상 같은 삶을 살아야 한다. 자기가 자기의 인생을 스스로 살되 그것을 작품화해야 한다. 그것이 자기 삶의 예술 작품이다. 자기 삶은 자기 작품이어야 한다. 이는 자기 생활의 주인은 자기가 되어야 함을 의미한다. 자기 인생이라는 자동차는 자기가 운전해야 한다. 자기 인생이라는 자동차를 남이 함부로 운전하지 못하게 해야 한다. 그것이 자기 인생을 오래도록 끈기 있게 유지하는 자기 극기의 여정이다.

자기의 극기력을 더욱 강하게 단련하기 위해서는 자기 삶은 자기가 걸작으로 만든다는 생각을 가져야 한다. 자기가 자기 삶을 걸작으로 만들려고 노력해야 극기력이 강해진다.

타인이 아무리 좋은 작품을 만들고 고가의 작품을 창작해도 그 작품은 타인의 작품이다. 자기의 빛나는 인생이라는 작품을 만들기 위해서는 자기가 겪는 고통은 자기가 격어야 한다. 영광과 환희에 대해서는 다른 사람이 그리도록 하되 자기가 느낀 아픔과 고통의 순간만은 자기가 직접 그려야 한다. 인기 영합 위주의 영광과 환희의 작품은 쉽게 변질되고 많은 사람들에게 각광을 받지만 극기력에 도움을 주지 않는다. 아픔과 고통과 힘듦과 고달픔이 결국은 힘이 되고 그것이 오래도록 자기를 이끄는 힘이 된다. 그러기에 인기에 찬 영광과 환희는 타인이 그리도록 하되 아픔과 고통을 겪어 왔던 인내의 순간은 자기가 직접 그려야 한다. 그러면서 그 걸작을 그리는 과정에서 아픔을 곱씹고 다시는 그런 고통을 겪지 않을 것이라는 다짐을 해야 한다. 그래야 극기력이 강화된다.

··· 자기 삶의 전통을 유지하라 ···

무엇이든 버려야 하는 것은 아니다. 비워야 좋다고 해서 모든 것을 버리라는 것은 아니다. 버릴 것은 버리고 유지해야 하는 것은 유지해야 한다. 모든 것을 버려서 좋은 것은 아니다. 배의 속도를 빠르게 하기 위해서 화물 중에서 불필요한 것을 버리듯 자기 삶의 속도를 빠르게 하기 위해서는 자기 생각의 다이어트를 해야 한다.

물론 버리지 말아야 하는 것도 있다. 가풍이나 사풍 혹은 선조들로부터 이어받은 전통은 계속 유지해야 한다. 모든 것은 시간이 지나면 변한다. 시간은 마술사다. 아무리 변하지 않으려고 애써도 시간이 흐르면 변할 수밖에 없다. 그러므로 전통은 후손들에게 물려줄 수 있도록 유지·관리를 잘해야 한다.

전통을 고수하는 것이 고리타분하고 시대적으로 뒤떨어진 것이라고 생각하는 사람도 있다. 그래서 전통을 무시하는 사람도 있다. 그러나 위대한 유산은 과거의 오래된 전통 속에 있다. 이미 그 전통을 유지·관리하기 위해 쏟아 부은 정성이 극기력이다. 뭔가를 유지·관리한다는 것은 극기력을 기르는 과정이다. 전통을 유지하는 것은 시간과 주변 여건과 변화를 요하는 것들로부터 방어를 해야 하기에 어렵고 힘들다. 창성보다 수성이 더 어렵다는 말이 있듯 전통을 유지·관리하는 데에는 많은 힘이 들어가기 마련이다.

이와 마찬가지로 자기 삶에서 자기의 극기력으로 다져진 좋은 습관은 그것을 유지하기 위해 노력해야 한다. 이때 가장 좋은 자기의 문화유산은 남보다 더 잘하는 것이다. 자기가 잘하는 것을 집중적으로 단련하고 유지하며 그것을 성장시키는 강점 전략을 구사해야 한다. 자기가 진정으로 해야 하는 자기만의 강점을 강화해야 한다. 시간은 짧다. 또 과학의 발전과 문명의 발달로 인해 이제는 해야 하는 일이 수없이 많다. 라면 하나를 살리고 해도 수없이 많은 라면 중에서 선택해야 한다. 그러므로 자기의 힘을 더 키우고 자기 삶을 더 활발하게 이끌기 위해서라도 자기 강점을 유지·관리하는 데 힘써야 한다.

자기 삶을 승리로 이끌기 위해서는 강점으로 승부해야 한다. 그래야 승산이 있다. 특히 중년이 넘었다면 이제는 새로운 것을 더 많이 배우고 익히는 것보다 자기가 남보다 잘하는 강점을 강화하는 데 힘써야 한다. 단점을 보완하는 데 시간을 쓰지 말고 강점을 강화하는 데 주력해야 한다. 단 최소화의 법칙에 걸리지 않도록 기본적으로 해야 하는 에티켓이나 매너 등은 배우고 익혀야 한다.

사실 자기가 잘하는 일을 할 때는 극기력이 소용없다. 이미 잘하는 정도의 수준에 오르기까지 수없이 많은 시행착오를 겪으면서 만들어 낸 극기의 산물이 잘하는 일이기 때문이다. 그래서 극기 중에서도 양질의 극기는 자기가 가진 강점이다. 자기가 가진 강점이 자기가 유지·관리해야 하는 전통이다. 아울러 그 강점이 더욱 강한 강점으로 계속 진화하도록 노력해야 한다.

15.

나갈 때를
알고 나아가라

⋮

언제 돈을 많이 벌어야 하는가? 돈이 많이 벌릴 때 많이 벌어야 한다. 언제 성과를 많이 내야 하는가? 성과가 많이 날 때 내야 한다. 특별히 정해진 때는 없다. 그때는 언제든 찾아오게 되어 있다. 그러므로 기회의 화살이 많이 맞을 수밖에 없도록 표적을 크게 만드는 것이 좋다. 하늘에서 황금비가 쏟아질 것에 대비해서 담을 수 있는 그릇을 많이 만들 듯이 기회를 사로잡기 위해서는 준비를 해야 한다. 그래야 다가온 기회를 놓치지 않고 잡을 수 있다.

반대로 일이 잘되지 않을 때가 있다. 일이 술술 풀리다가 풀리지 않는 상황에서는 속도를 줄여야 한다. 도박을 할 때도 돈을 잃고 있을 때에는 잠시 쉬어 주어야 한다. 돈을 잃고 있다는 것은 자기의 운때가 지난 것이다. 그러므로 한 박자 쉬어 간다는 생각으로 쉬어 가야 한다. 그래야 한다. 기를 쓰고 덤벼도 잘되지 않을 때가 있다. 그런 경우에는 더 조심해야 한다. 그냥 조용히 태풍이 지나가기를 기다리듯 기다리면 된다. 괜히 나대지 말고 몸을 움츠리고 적당한 때를 기다려야 한다.

··· 결정적인 시기를 잡아라 ···

영업에 결정적인 시기가 있고 어린아이의 인격이 결정되는 데도 시기가 있다. 그러한 결정적인 시기를 잘 잡아야 한다. 여기서 말하는 결정적인 시기란 '극에 달한 시점'이다. 엔도르핀이 가장 많이 솟는 시점, 카타르시스를 가장 많이 느끼는 시점, 교감을 가장 많이 느끼는 시점, 그 시점을 잘 잡아야 한다.

일례로 고객 중에는 영업사원이 상품에 대해 일일이 설명해 주는 것을 좋아하는 사람도 있고, 자기가 직접 돌아보면서 스스로 모든 것을 알려고 하는 스타일의 사람도 있다. 즉 결정적인 시점을 찾기 위해서는 영업사원이 고객의 이러한 성향에 대해서 잘 알아야 하듯 결정적인 시점에 영향을 미치는 내적 외적 변수들을 전부 고려해야 한다. 그래서 그 시점을 명확히 잡아내야 한다.

투우사가 투우를 할 때 결정적인 상황에서 창을 내리꽂듯 그러한 결정적인 순간을 잡아야 한다. 또 바람이 부는 상황에서 궁사가 화살을 날릴 때 자신의 숨결과 바람의 영향을 고려하여 화살을 날리듯 최고의 적정 시점을 찾아내기 위해서는 모든 변수를 감안해야 한다. 그러한 노력은 그에 미치는 변수를 많이 아는 데에서 비롯된다. 전문가는 그 분야에 대한 문제가 생겼을 때 그것을 해결하는 수단을 많이 가진 사람이다. 즉 최적의 타이밍을 잡아내는 데 영향을 주는 변수를 많이 알면 알수록 최적의 타이밍을 잡아내는 전문가가 된다.

그 최적의 타이밍을 반드시 자기가 정해야 한다고 생각하는 사람이 많이 있는데 꼭 그런 것은 아니다. 상대방이 있으면 상대방이 그것을 정한다. 그러므로 상대방을 잘 관찰해야 한다. 자기는 그 시점을 발견할 뿐이다. 그렇다고 해서 상대방에게 최적의 타이밍을 내놓으라고 강요하지 말아야 한다. 상대방에게 강요해서 최적의 타이밍을 잡아내려고 하면 오히려 상대방이 거부반응을 보임으로써 부작용이 생길 수 있다. 그러므로 주의해야 한다.

⋯ 잘될 때 밀어붙여라 ⋯

메뚜기도 한때라는 말이 있다. 그러므로 때가 이르면 그때를 놓치지 말아야 한다. 직장에서도 때를 놓치면 승진하기 어렵다. 승진해야 할 시점에 승진해야지 그때를 놓치면 다시금 그때를 잡기 어려워진다. 그래서 성공학자들은 가능한 기회가 잡히면 어떻게 해서든지 그 기회를 잡으라고 말한다. 남에게 선심을 베푼답시고 계속 양보하다 보면 결국 결정적인 시점을 놓치게 된다. 낚시를 할 때도 물이 들어오고 나가는 물때에 맞춰 해야 한다. 자기 낚시 기술이 아무리 뛰어나고 장비와 밑밥이 좋아도 낚시 포인트에 고기가 없으면 고기를 잡을 수 없다. 일단 낚시를 던지는 포인트에 고기가 많아야 한다. 또 고기가 많을 때 낚시해야 고기를 많이 잡을 확률이 높다. 물때를 맞추지 못하고 아무 때나 낚시를 던져 놓고 무한정 기다리는 사람이 있는데 그것은 좋지 않다. 아울러 낚시를 던져서 고기가 없으면 고기가 잡힐 확률이 높은 곳으로 이동해야 한다. 그렇지 않고 언젠가 고기가 물겠지 라는 생각으로 기다리는 것은 어리석은 짓이다. 일단은 자리와 때가 좋아야 한다. 실력은 그 다음이다. 그래서 환경이 중요하다고 말하지 않는가?

돈을 벌 때도 돈이 벌리는 때가 있다. 그때 돈을 많이 벌어야 한다. 한창 돈이 벌리는 와중에 돈 버는 것도 지겹다는 생각으로 박자를 늦추는 사람이 있는데 그것은 바람직하지 않다. 돈이 계속 벌릴 거라고 생각하지 말아야 한다. 돈은 벌리는 때가 있고 벌리지 않는 때가 있다. 계속해서 돈이 벌리진 않는다. 스포츠 경기에서도 그런 경우가 많다. 분명히 상대 팀보다 실력이 월등한 팀인데 시합을 하면 연거푸 점수를 내주는 경우가 있다. 한번 점수를 내주면 귀신에 홀린 것처럼 연거푸 점수를 내주는 경우도 있다. 그런데 그러다가 한번 점수를 얻기 시작하면 그 여세를 몰아 단 시간에 역전하는 경우도 있다. 이처럼 우리의 삶도 상승과 하락과 반등의 시기가 있다. 주식의 증시처럼 우리네 삶도 상승과 하락과 반등을 거듭한다. 그래서 쇠도 달궈 있을 때 망치로 두드려야 하고 햇빛이 들 때 빨래를 말려야 한다고 말한다. 적정한 시점에 맞춰 실행해야 한다는 말이다.

일을 하다 보면 잘될 때는 대충해도 잘된다. 안될 때는 아무리 기를 쓰고 잘하려고 해도 안된다. 글을 쓰는 것도 그러하다. 어떤 경우에는 가만히 있어도 자기도 모르게 글이 잘 써진다. 하지만 어떤 경우에는 아무리 글을 쓰려고 해도 이상하게 써지지 않는 경우가 있다. 그래서 나는 글을 써야 하는 기분이 들면 글을 쓰는 데 주력하고, 책을 읽어야 하는 기분이 들면 책을 읽는 데 집중한다. 왜냐하면 하고 싶어 할 때 해야 능률이 오른다는 것을 알기 때문이다.

무엇인가를 배우고 실력을 높이는 것도 마찬가지다. 아울러 자기가 해야 하는 일은 실력이 일정한 수준에 오를 때까지는 계속해야 한다. 그런데 많은 사람들이 그렇게 하지 않아도 된다고 생각한다. 그러면서 자신의 실력이 남보다 잘 올라가지 않는다고 말한다. 그런데 고수들은 자기가 가진 실력이 일정한 수준에 오르기까지 전심전력을 다한다. 일정한 수준으로 올려놓고 다른 일을 시작한다. 아울러 다른 일을 하다가도 그 실력이 무뎌지지 않도록 꾸준히 연습한다.

⋯ 도움이 필요할 때 도움을 주어라 ⋯

주변을 보면 어렵고 힘들게 사는 사람들이 많다. 사람이 보기에 어찌 그렇게도 힘들게 살까 하는 정도로 어렵고 힘들게 사는 사람을 보면 마음이 측은하고 짠하다. 또 어떨 때는 힘들고 어려운 상황에서도 열정을 다해 최선을 다하는 그런 사람들의 삶이 참으로 아름답다는 생각을 하기도 한다. 그런데 그런 사람이 있는 반면 어떤 사람들은 다른 사람이 도와주기만을 기다리는 사람도 있다. 자기가 힘써 노력할 생각을 하기보다 어떻게든 다른 사람의 도움을 받아서 생활하려고 한다. 마치 일을 하려고 하기보다 놀면서 실업 급여를 받아 생활하는 것을 즐기려는 사람처럼 말이다.

어렵고 힘든 상황은 동일한데 자신에게 주어진 환경에 어떻게 대처하는가는 사람마다 다르다. 그렇다면 어렵고 힘들어하는 사람에게는 언제 도움을 주어야 하는가? 이 말은 자기가 실제로 어렵고 힘든 상황에 처하면 언제 다른 사람에게 도움을 요청해야 할까? 라는 말과 유사하다.

그렇다. 언제 도움을 주고 어느 시점에 도움을 요청해야 하는가? 도움을 주고받는 때는 도움을 주는 사람도 도움을 주는 것을 만족하게 생각하는 시점이고, 도움을 받는 사람도 도움받는 것을 고맙게 생각하는 시점이다. 결국은 어렵고 힘든 상황에 처한 사람이 도움을 받아 삶의 반전을 꾀하려는 의욕을 불태우려는 시작점이 도움을 주어야 하는 가장 적정한 시점이다.

도움을 주는 사람은 도움을 받으려는 사람이 제자리걸음을 하거나 안간힘을 써도 퇴보하는 시점에 도움을 주어야 한다. 도움을 받는 사람이 힘들어하고 더 이상은 버텨 낼 재간이 없다고 느껴지는 상황에 도움을 주어야 한다. 즉 도움을 받으려는 사람이 제대로 기본을 갖추었을 때 도움을 주어야 한다. 그렇지 않으면 오히려 도움을 준 것이 그 사람을 더 좋지 않는 상황으로 몰고 가는 단초가 된다.

어떤 청년이 새벽에 연탄을 빨리 배달하려고 리어카에 평소보다 많은 연탄을 싣고 언덕을 오르려고 했다. 그런데 너무 무거워서 언덕배기 중간에 멈췄다. 그래서 중간에 리어카를 받쳐 놓고 다른 사람들에게 도움을 청했지만 아무도 도움을 주지 않았다. 청년은 하는 수 없이 안간힘을 다해 리어카를 끌기 시작 했다. 그러자 혼자 끙끙대며 힘들게 땀 흘리는 모습을 본 사람들이 그 모습이 안타깝고 측은하게 느껴졌던 탓인지 하나둘씩 뒤에서 힘을 보태 밀어주기 시작했다.

그렇다. 위와 같이 사람들은 힘들고 어려움에 굴하지 않고 열정을 다해 노력하는 사람을 좋아한다. 또 그런 사람을 도우려고 한다. 그렇지 않고 자기는 하지 않고 남의 도움을 요청하고 남에게 의탁하려고만 하는 사람에게는 도움을 주지 않는다. 먹고살려고 발버둥치는 사람, 살아 보겠다고 자존심을 내려놓고 전심전력을 다해 노력하는 사람을 돕고 싶어 한다. 하늘은 스스로 돕는 사람을 돕는다는 말도 있지 않은가.

··· 상황 파악 후 나아가라 ···

사람과 처음 만났을 때, 회의에 참석을 했을 때, 사무실에 출근을 했을 때, 휴일에 쉬었다가 오랜만에 출근을 했을 때, 낯선 사람과 만났을 때 등 처음으로 만났든지 혹은 오랜만에 만났든지 간에 워밍업이 되지 않는 상태에서는 끼어들지 말아야 한다.

어느 정도 워밍업이 되어 있을 때 끼어들어야 한다. 수영장에 갑자기 들어가면 심장마비로 생명을 잃을 수 있는 것과 마찬가지로 상황 파악되지 않는 상태에서 갑자기 끼어들면 예상하지 못한 몰매를 맞을 수도 있다.

그렇다면 언제 끼어들면 가장 좋을까?

우리가 운전을 할 때 어쩔 수 없이 끼어들어야 하는 경우에 갑자기 끼어들면 사고가 난다. 그래서 끼어들기를 할 때는 상대방에게 양해를 구하는 신호를 먼저 보내서 상대방의 의향을 물어봐야 한다. 그러면 미연에 사고를 예방할 수 있다. 왜냐하면 서로가 이해하고 공감했기 때문이다.

마찬가지로 다른 사람의 이야기를 하는 도중에 끼어들어야 하는 경우에도 그와 같이 접근해야 한다. 상대방이 당신의 말을 들어줄 준비가 되어 있는지 혹은 상대방 입장에서 어느 정도 여유가 있는지를 살핀 뒤 접근해야 한다. 상대방은 전혀 당신의 말을 들어줄 준비가 되어 있지 않은데 무조건 자기 말만 하는 것은 좋은 매너가 아니다.

그렇다면 언제 끼어드는 것이 좋은가? 그 적정한 시점을 찾기 위해서는 먼저 돌아가는 판세를 잘 살펴야 한다. 판세가 어떻게 돌아가는지 분위기를 잘 살펴야 한다. 그래서 그 분위기를 감안해서 자기가 끼어들어야 하는지, 자기가 끼어들어도 다른 사람에게 방해가 되지 않는지를 보고 끼어들어야 한다. 그렇지 않고 상대방 말을 끊고 자신이 하고 싶은 말을 하는 것은 남의 사정을 전혀 고려하지 않는 무례한 짓이다. 그러므로 자신이 아무리 급해도 상대방 입장을 먼저 헤아리고 주변 상황을 먼저 파악하는 시간을 가져야 한다. 판이 어떻게 돌아가고 있고 분위기가 어떤 방향으로 흘러가고 있으며, 어느 시점에 자기가 말을 하는 것이 가장 좋은지를 생각해 봐야 한다. 그래서 그 적정한 타이밍에 말해야 한다. 그렇지 않으면 역효과가 날 수도 있다. 또 주변 상황을 정확하게 파악하지 못하고 자기가 하고 싶은 말만 하는 것은 자칫하면 자기도 모르게 아웃사이더가 될 확률이 높다. 그러므로 상대방과 공감하고 상대방에게 좋은 이미지를 전달하기 위해서는 분위기 파악을 하지 않은 상태에서 무조건 끼어들지 말아야 한다. 가능한 주변 상황을 잘 파악해서 그 분위기에 맞게 처신해야 한다.

　만약에 분위기를 파악하지 못했다면 조용히 있는 것이 상책이다. 또 어느 정도 돌아가는 상황을 파악한 연후에 말을 해야 한다. 아울러 자기가 하고 싶은 말이라도 무조건 말을 하는 것이 아니라, 상대방이 듣고 싶어 하는 시점에 말을 해야 한다. 자기가 똥줄 타는 것이지 상대방이 급한 것이 아니기 때문이다. 내가 바쁘다고 상대방이 바쁠 것이라고 생각하면 오산이다. 또 자기가 급하니 당신이 당연히 양보해야 한다고 말하는 것은 바람직하지 않다.

　상대방에게 말을 해야 하는 시점은 상대방이 원하는 시점에 해야 한다. 상대방이 능히 들을 준비가 되어 있을 때 해야 한다. 그런 가운데서 상대방에게 말을 해야 한다. 상대방이 전혀 준비가 되어 있지 않는 상태에서 들이미는 것은 바람직한 방법이 아니다.

　제아무리 급해도 바늘허리에 실을 묶어서 바느질을 할 수는 없다. 바늘귀에 실을 끼고 바느질을 해야 한다. 상대방이 준비가 되어 있지 않는 상태에서 자기가 하고 싶은 말만 하는 것은 바늘허리에 실을 묶고 바느질을 하려는 것과 같다. 그러므로 주의해야 한다. 바쁠수록 서두르지 말고 천천히 돌아가는 것이 현명하다. 급할수록 기다려야 하고 화가 날수록 포커페이스를 하면서 웃음의 페르소나를 써야 한다. 그래야 좋은 평판을 쌓을 수 있다.

… 미리 나아가라 …

　무엇인가를 시작해야 할 때는 자기 처지를 감안해서 시작 시점을 잡아야 한다. 다른 사람과 함께 시작해야 하는 일이라고 해서 다른 사람과 함께 시작하려고 하지 말아야 한다. 항상 다른 사람보다 먼저 시작해야 한다. 다 함께 야유회를 가야 하는 장소라면 먼저 자신이 다녀오거나 스포츠 시합을 해야 하는 경우라면 자기 스스로 시합하기 좋은 몸을 만들어야 한다. 그래서 그 이후에 다른 사람과 합류해서 단체 훈련을 받고 시합에 임해야 한다. 단순히 남이 하는 대로 똑같이 하지 말라는 것이다. 마음과 정신과 영혼과 생각으로라도 다른 사람보다 먼저 시작해야 한다. 그래야 승산이 있다. 그렇지 않으면 남보다 앞서갈 수 없다.

일반적으로 다른 사람보다 앞서가는 사람은 다른 사람이 보이지 않는 곳에서 열정을 다해 노력한다. 그런 프로 의식을 가진 사람들은 준비가 되어 있지 않으면 무리하게 나서지 않는다. 함부로 남 앞에 나서지 않고 아주 철저하게 준비한다. 그렇다. 남과 동일하게 시작해서는 남을 앞서갈 수 없다. 특히 천재가 아니라면 다른 사람보다 100배 이상 노력할 각오를 해야 한다. 그래야 승산이 있다. 일반 사람들과 동일하게 노력해서는 앞서갈 수 없다. 그래서 부자들이 가난한 사람보다 일찍 일어나는지도 모른다.

대개 새벽에 일어나는 사람은 가난한 사람과 부자로 나눌 수 있다. 부자들이 새벽을 누빈다. 또 가난한 사람도 가난에서 벗어나기 위해 새벽을 누빈다. 부자들이 돈 버는 것이 좋아서 새벽에 나서는 것에 비해 가난한 사람들은 가난에서 벗어나기 위해서 새벽에 나선다. 그러하다. 남보다 더 빨리 나서기 위해서는 뭔가 계기가 있어야 한다. 그래야 그것에 기인하여 부지런하게 움직인다. 당신은 부자인가, 아니면 가난한 사람인가?

… 타이밍을 알고 있으면 모든 것이 가능하다 …

타이밍이 모든 것이라는 말이 있다. 타이밍을 알고 있으면 모든 것이 가능하다. 결국은 타이밍을 적정하게 잘 잡아내는 사람이 이익을 얻는다. 그러므로 항상 타이밍을 생각하면서 생활해야 한다.

타이밍을 생각하는 사람은 시간을 생각하는 사람이다. 시간은 4차원이다. 그런 점에 비춰 볼 때 시간을 중요하게 생각하는 사람은 차원이 높은 삶을 사는 사람이라고 볼 수 있다. 그런 사람이 삶을 의미 있게 사는 사람이다.

상대방과 대적할 때 상대방의 급소를 공략할 수 있는 시점을 안다면 걱정하지 않아도 된다. 마음만 먹으면 상대와 대적해서 이길 수 있기 때문이다.

이처럼 타이밍을 안다는 것은 선견지명이 탁월하다는 것을 의미한다. 미래를 읽을 수 있고 미래를 알 수 있다는 점에서 타이밍이 중요하다. 타이밍을 안다는 것은 미래를 아는 것을 의미한다. 미래를 아는 능력을 가지고 있으면 그 어떤 두려움도 생기지 않을 것이다.

일반적으로 사람들이 두려움을 느끼는 이유는 무지에서 비롯된다. 알지 못하기 때문에 두려운 것이다. 알고 있으면 두렵지 않다. 그 아는 것 중에서 일이 벌어지는 타이밍을 안다는 것은 대단한 초능력자라고 볼 수 있다. 왜냐하면 타이밍은 어느 하나의 변수에 의해 결정되는 것이 아니라 수많은 변수들이 서로 융합되어 발생하는

찰나의 순간이기 때문이다. 그래서 타이밍을 잡는 기술을 예술이라
고 말한다.

16.

위기 상황에
더 나아가라

:

　거센 파도가 위대한 뱃사공을 만들고 풍랑이 일어 배가 뒤집혀 봐야 수영 실력을 알 수 있듯 자기가 진짜 힘들고 어려운 상황에 처해 봐야 자기 극기력이 어느 정도인지를 알게 된다. 또 어느 부분의 극기력이 약한지도 알게 된다. 평상시에는 그다지 극기력이 필요하지 않다. 그저 주어진 현실에서 주어진 바를 행하면서 살아도 큰 문제가 없기 때문이다. 현상 유지만 잘해도 자기 생활에 크게 불편을 못 느낀다. 그래서 매너리즘에 빠지는 사람들이 많다. 하지만 현상 유지는 퇴보다. 남보다 더 앞서기 위해서는 남과 다른 차별화된 의지가 있어야 한다. 그러기 위해서는 어렵고 힘든 위기 상황을 자기를 단련하는 기회로 삼아야 한다. 그래서 자기의 극기력을 키워야 한다. 평상시에는 훈련할 수 없기에 어렵고 힘든 상황이 닥치면 그때 실전을 방불게 하는 결연한 의지로 자기의 극기를 시험해야 한다. 즉 한계 상황에 처한 것을 자기 극기력을 테스트할 수 있는 좋은 기회라고 생각하는 것이다. 그러면 두려운 마음이 사라질 것이다.

자기가 위기 상황에 처하면 빨리 자기의 마음을 위기 상황 모드로 돌려야 한다. 자기가 힘들고 어렵고 긴급한 상황에 처하면 그 상황이 위기 상황이라고 생각하고 그 상황에서 자기가 어떻게 해야 살아남을 수 있는가를 생각해야 한다. 그래야 자기가 온전히 힘을 발휘할 수 있다. 그런데 많은 사람들이 현실에 안주하면서 지내다 보니 자기가 처한 상황을 위기 상황이라고 생각하지 않는다. 또 위기를 위기로 받아들여야 하는데 위기가 별것 아니라고 생각한다.

하지만 위기의 상황이 오면 자기 안에 숨겨 둔 특별한 자기가 나설 차례라고 생각해야 한다. 그래서 다른 날과는 다른 특별한 자기가 나서서 위기에 대응해야 한다.

겨울이 되어야 소나무가 푸른지를 알게 되고 위기의 상황에서 진정한 영웅이 나온다는 말의 의미가 여기에 있다. 위기에 처하면 도망가고 몸을 숨기는 사람도 많다. 위기가 지나가기를 기다리면서 숨죽이고 피해 있는 사람도 있다. 그런 사람은 발전이 없다. 물론 안정되게 생활하려면 그렇게 하는 것도 좋다. 하지만 그래서는 크게 반전이 없는 평범한 삶을 살 수밖에 없다. 그러므로 위기의 상황에 자신이 성장하기 위해서는 위기를 피하지 말고 위기와 정면 승부를 해야 한다.

사실 사노라면 위기가 아닌 날이 없다. 매일매일의 삶이 치열한 전쟁터와 같다. 잠시 방심하면 모든 것이 물거품이 되어 버리는 시대다. 모든 것이 쾌속하게 변하고 있다. 이런 세상을 살아가기 위해서는 자기만의 특별한 전략을 가지고 있어야 한다. 그 전략 중 가장 좋은 전략은 매일매일이 위기라고 생각하는 것이다.

늘 위기라는 생각으로 한시도 긴장의 끈을 놓아서는 안 된다. 또 인생을 쉽게 살려고 하지 말아야 한다. 쉽게 사는 인생은 쉽게 무너지기 마련이다. 오리지널 인생은 힘들고 어려운 상황에서 진주처럼 영롱하게 피어남을 알아야 한다. 그냥 가만히 있는데 피는 꽃은 없다. 수없이 많은 바람에 흔들리고 비바람을 맞아가며 꽃이 핀다. 온실에서 자란 화초는 밖에 나가는 순간 죽게 된다. 하지만 야생에서 자란 화초는 오래도록 생명력을 유지한다.

위기를 잘 이용해야 한다. 성공하는 사람들은 자기에게 주어진 위기를 성공의 기회로 활용한 사람들이다. 실패한 사람은 자기에게 닥친 위기를 기회로 활용하지 못한 사람이다. 위기가 성공과 실패를 판가름하는 시금석임을 명심해야 한다.

… 길을 잃으면 길을 찾는다 …

길을 잃어 봐야 새로운 길을 찾아야 한다. 그간에는 길이 있기에 그 길을 그냥 다닌다. 또 길을 잃을 염려가 없으니 애써 길을 찾으려고 하지 않는다. 하지만 자기가 다니던 길이 어두워서 앞을 볼 수 없다면 손과 발로 더듬어서라도 길을 찾는다. 평소에는 아무 생각 없이 길을 다녔는데 이제는 앞을 볼 수가 없으니 길을 더듬어서 찾을 수밖에 없다. 마찬가지로 자기가 살아가면서 극기가 귀한 것이 아니라고 생각한다면 자기 인생의 길을 한번 잃어 봐야 한다. 소중한 것은 잃어 봐야 그것이 매우 소중하다는 것을 알게 된다. 마치 사랑하는 사람이 없어 봐야 그 사람이 얼마나 귀한지를 알게 되듯이 말이다.

 자기가 마음먹은 대로 극기가 되지 않는다면 아직은 간절하지 않은 것이다. 아직은 자기 인생의 길을 잃지 않은 것이다. 어느 정도 먹고살 만하고 극기하지 않아도 먹고 사는 데 전혀 지장이 없기 때문에 극기하지 않는 것이다. 그러다 사업이 부도나서 모든 것이 다른 사람의 손에 넘어가고 가족들이 뿔뿔이 흩어져 불행한 상황에 놓이면 정신이 번쩍 들 것이다. 그때는 이렇게 살아서는 안 된다는 생각을 하게 되고 특단의 무슨 조치를 세워야 하겠다는 생각이 저절로 들 것이다. 그래서 삶을 더욱 치열하게 살게 될 것이다. 또 모든 것에 감사하고 감사하는 마음으로 생활할 것이다.

 길을 잃어 봐야 새로운 길을 찾는다는 것을 말로 하니 크게 실감나지 않지만 막상 자기가 그것을 경험하면 그야말로 정신이 번쩍 들 것이다. 말이 쉽지 그런 상황에 처하면 살이 찢겨지는 고통을 감내해야 한다. 그런 경험을 해 봐야 한다. 그러면 극기를 하지 말라고 해도 저절로 한다. 또 결코 한눈을 팔지 않고 삶을 치열하게 살 것이다. 왜냐하면 그렇게 하지 않으면 어떤 결과가 나올 거라는 것을 직접 경험했기 때문이다.

경험보다 더 큰 자산은 없다. 직접 경험해 보면 뼈저리게 알게 된다. 그렇다고 살아가면서 똥인지 된장인지를 일일이 손으로 찍어서 맛을 볼 수 없는 것처럼, 모든 경우의 수에 해당하는 고통을 모두 경험할 수는 없다. 그러므로 실수는 타인의 실수를 보고 배우고 성공은 자기가 직접 체험하는 것이 최상이다.

17.

두려움을
딛고 나아가라

⋮

　자기가 간절히 하고 싶은데 두려움 때문에 하지 못하는 경우가 있다. 극기를 저해하는 감정 중 가장 큰 영향을 주는 감정은 두려움이다. 두려움이 있으면 정신적으로 위축되고 그로 인해 자신감이 약해진다. 그래서 하고 싶은 일도 하지 못하고 망설이게 된다.

　인간의 본능적인 감정은 두려움이다. 우리는 낯선 곳에 가면 신비감을 느끼기보다는 먼저 두려움을 느낀다. 감정적으로 두려움을 느낀다는 것은 공포감 혹은 무서움을 느낀다는 것을 의미한다. 또 감정적인 두려움은 이성적으로 풀이하면 의심과 불안으로 해석할 수 있다. 이상과 같은 단어들이 하고자 하는 행동을 하지 못하게 한다. 즉 공포로 인해 몸이 굳고, 의심과 불안으로 인해 선뜻 행동하지 못한다.

　두려움은 움직이게 하는 것보다는 움직이지 못하게 하는 역할을 한다. 뭔가를 할 때 자신감을 자기고 대범하게 행동에 나서야 하는데, 섣불리 행동으로 나서지 못하는 것이다. 두려움 때문이다. 그래서 두려워하지 말라는 말은 성경에 많이 나오는 말 중 하나다. 모든 두려움을 신에게 의탁하고 자신이 하고자 하는 일을 마음 놓고 하라는 것이 성서의 골자다. 사노라면 가진 것을 잃어버릴 것 같고 행복한 가족을 잃게 될까 봐 두렵다. 그야말로 모든 것이 두려움투성이다. 그런데 그런 두려움은 사람의 마음이 만들어 내는 허상이다. 낮에 공동묘지를 지나갈 때는 두렵지 않는 길이 밤에는 두려운 길이된다. 하지만 밤에도 자기가 걸어가는 길옆에 공동묘지가 있다는 사실 조차를 모르고 지나가면 그 길이 그렇게 두렵지 않은 길이 된다. 모든 것은 마음먹기에 달려 있다. 두려움 역시 그러하다. 그러므로 자기가 하지 못할 것이라는 두려움, 남들이 보고 있어서 떨린다는 두려움, 자기는 결코 할 수 없을 것 같다고 생각하는 두려움 등 모든 두려움을 날려 버려야 한다. 그래야 본연의 자기다운 모습으로 자기답게 살 수 있다. 자기가 자기답게 사는 것이 극기다. 그래서 두려움은 극기의 천적이다.

　두려움은 두려운 감정이다. 사람은 감정의 동물이기 때문에 감정에 의해 행동이 유발된다. 그런데 감정 상태가 두려우면 그 두려운 감정으로 인해 행동하지 못하게 되는 것이다. 자기가 마음먹은 대로할 수 없는 상태가 두려운 감정을 느끼고 있는 상태다. 반대로 자기가 행동을 하도록 하는 것은 '자신감'이다. 자신감은 자기를 믿는 감정이다. 두려움이 자기를 의심하고 불신하고 불안해하는 감정이라면 자신감은 두려움의 반대 감정이다. 그런 자신감이 행동을 유발한다. 두려움은 행동의 브레이크이고 자신감은 행동의 가속페달에 비유할 수 있다. 과속으로 달리다가도 길이 꼬불꼬불해서 위험하면 속도를 줄이게 된다. 과속으로 인해 사고가 날 수 있기 때문이다. 이토록 두려움은 행동을 못하게 하는 측면도 있지만 진행 중인 행동의 스피드를 줄여 주는 역할도 한다.

모든 두려움이 부정적인 영향을 미치는 것은 아니다. 좋은 영향을 주는 두려움도 있고 나쁜 영향을 주는 두려움도 있다. 일례로 자신감이 너무 충만해도 오버해서 실수한다. 그래서 호사다마라고 말한다. 좋은 일이 많으면 악재가 낄 수도 있으므로 주의해야 한다. 그것은 좋은 일이 있다고 너무 만만하게 행동하다 보면 중요한 것을 간과해서 좋지 않는 일이 생길 수 있으므로 주의해야 한다는 말이다.

우리네 삶도 그러하다. 젊을 때는 두려움이 적다. 그런데 나이가 들면 모든 것이 두려워진다. 무슨 일을 하든 두렵고 특히 새로운 것에 도전하는 것은 더 두렵다. 또 남의 눈이 두려워서 정작 하고 싶은 일을 하지 못하는 경우도 많다. 그래서 젊은 사람에게는 무모한 도전을 피하라고 말하고, 나이 든 사람에게는 과감하게 도전하라고 말한다. 젊을 때는 두려움이 없어 무엇이든 도전했는데 나이를 먹을수록 두려움으로 인해 섣불리 도전하지 않기 때문이다. 그저 예전에 살아온 대로 안전하게 지내는 것이 최상이라고 생각한다.

이상과 같이 상황이나 연령에 따라 다르게 나타나는 두려움의 속성을 알고 그것을 슬기롭게 다스릴 줄 알아야 한다. 즉 두려움을 자기 생활에 도움이 되고 극기를 하는 데 도움이 되도록 활용해야 한다. 하지 말아야 하는 일은 두려워서 못하는 일로 만들고, 해야 하는 일은 두려움이 엄습하기에 빨리 해야 한다는 측면으로 두려움을 활용해야 한다. 일례로, 신호등이 빨간불일 때에는 무단횡단을 하면 사망사고가 날 수도 있다는 두려움이 있기에 신호를 지킨다. 두려움이 하지 못하게 하는 것이다. 또 내일 비가 올지도 모른다는 두려움이 있으면 널어놓은 빨래를 걷어야 한다. 그러한 두려움은 하기 싫은데 해야 하는 일을 하게 하는 측면에서 좋은 두려움이다. 그러므로 어떤 두려움이든 자기 발전으로 승화해야 한다. 바람이 불면 그 바람을 이용하여 더 높이 올라가는 연도 있다. 망망대해에 배가 떠 있는 상태에서 사방에서 불어오는 바람을 활용하지 못하면 그 바람은 아무 쓸모없다. 즉 자신이 가고자 하는 뚜렷한 목표 지점을 향해 두려움이라는 감정을 잘 활용하면 생각보다 더 큰 힘을 발휘할 수 있다.

18.

시기와 질투를
딛고 나아가라

⋮

자기는 별달리 잘하는 것이 없는데 자기보다 못한 사람이 어느 순간에 잘 나가게 되는 경우에는 자기도 모르게 의기소침해진다. 자기가 잘하려고 하는데도 옆에서 자기보다 더 잘하는 사람을 보게 되면 은근히 기가 죽게 마련이다. 또 평소에는 잘하다가도 자기보다 잘하는 사람이 곁에 있으면 주눅이 들어서 제대로 실력을 발휘하지 못하는 경우도 있다. 어쩌면 자신감이 줄어들었기 때문에 그러하다고 볼 수 있다.

혼자 있을 때는 잘하는데 다른 사람 앞에서 하려고 하면 떨려서 잘 안 되는 경우가 많다. 신차를 사서 기분이 좋은데 옆에서 다른 동료가 외제 차를 샀을 때는 기쁨이 반감된다. 그럴 때는 차라리 동료가 외제 차를 샀다는 소식을 듣지 않는 것이 오히려 기분 상태가 더 좋았을 것이라는 생각이 든다. 아예 처음부터 몰랐다면 그다지 문제가 되지 않는데 그것을 알았기에 문제가 파생된 것이다. 그런 사실을 몰랐을 때는 자기가 신차를 구입했다는 사실이 기쁨을 주었는데 동료가 외제 차를 샀다는 소식이 그러한 기쁨을 갉아먹은 것이다. 그럼에도 불구하고 그러한 소식을 그냥 의연하게 받아들이는 마음 씀씀이를 키워야 한다. 분명히 타인이 성장하는 경로와 자기가 성장하는 경로는 다르다. 단 하나의 비교로 모든 것을 평가하지 말라는 것이다. 자기가 잘하는 것이 있으면 상대방이 잘하는 것도 있기 마련이다. 자기가 상대방을 부러워하는 것이 있다면 상대방도 당신을 부러워하는 것을 가지고 있다는 생각을 가져야 한다.

사촌이 땅을 사면 배가 아프다는 말이 있지만 누군가 명장이 되고 기술의 달인이 되었다고 해서 의기소침해하지 말아야 한다. 그 사람은 그 사람의 인생이 있고 자기는 자기 인생이 있다고 생각해야 한다. 그래야 자기 안에 자신감이 생겨나고 결코 다른 사람의 성공으로 인해서 자존감이 낮아지는 상황이 발생되지 않는다.

다른 사람의 인생과 자기의 인생을 동일시하지 말아야 한다. 그러기 위해서는 평상시에 자기의 목표에 전념해야 한다. 자기의 목표가 외제차에 있는 것이 아니라 신차에 있음을 생각하면서 주변 여건에 부화뇌동하지 말아야 한다. 오로지 자기가 가고자 하는 목표를 향해 나아가야 한다.

주변의 여건과 변화에 흔들리지 않기 위해서는 자기만의 특별한 목표가 있어야 한다. 그래서 그러한 상황에서는 빨리 목표를 생각해서 그러한 상황을 아무렇지 않게 바라볼 수 있어야 한다. 그것이 자기를 자기화하는 최상의 길이다.

… 타인을 의식하지 마라 …

사람은 인정의 욕구를 가지고 있다. 특히 다른 사람에게 어떻게 잘 보일까를 신경 쓰는 사람들에게는 남의 시선이 살아가는 이유가 되기도 한다. 그런 사람들에게는 자기가 보기에 자기 삶이 얼마나 잘 살고 있는가를 생각해야 하는데 그런 생각을 별로 하지 않는다. 마치 자기 민낯을 숨기고 화장한 얼굴을 다른 사람에게 보이면서 남들이 자기를 미인이라고 불러 주는 맛에 사는 사람처럼 사는 것이다.

그런 사람은 자기의 실제 모습보다 남이 자기를 어떻게 바라보고 어떻게 생각하는지를 중요하게 생각한다. 자기의 속이 썩어 문드러져도 남에게 잘 보이고 남들이 자기를 건강하게 봐 주면 자기가 건강한 것이라고 생각한다. 그런 사람은 자기 인생보다 남이 바라보는 인생을 중요하게 생각한다.

일반적으로 자기가 쓰는 것을 이력이라고 한다면 남이 쓰는 이력은 평판이다. 그래서 이력과 평판으로 인해서 그 사람의 이미지가 결정된다. 그런데 우리네 삶은 사회적인 동물이라는 점에서 자기 이력도 중요하지만 남이 어떻게 생각하는가에 따른 평판도 중요하다. 그래서 많은 사람들이 다른 사람에게 어떻게 보일까에 신경을 더 많이 쓰다. 다른 사람에게 잘 보이기 위해서 남을 의식한다. 그런데 그렇게 남을 의식하는 것은 자기 삶에 전적으로 도움이 되지 않는다. 물론 어느 정도 남을 의식해야 한다. 남의 눈살을 찌푸리게 하지 않는 선에서 공중도덕은 지켜야 한다. 그런 정도로 남을 의식하는 것은 괜찮다. 그런데 허세를 부리고 남에게 잘 보이기 위해 돈도 없는 사람이 융자를 내서 큰 집으로 이사하고 자기 주제에 맞지 않는 고급 자동차를 구입하는 등 유별나게 허세를 부리는 사람이 있는데 그것은 옳지 않다. 그런 사람들은 없어도 없는 티를 내지 않는다. 배고파 죽어도 결코 남에게 밥을 달라고 하지 않는다. 또 낭비벽도 심하고 남들이 자기를 잘 인정해 주지 않으면 무시당한다고 생각하기 때문에 자격지심이나 수치스러움도 느낀다. 하지만 그런 생각을 버려야 한다. 남들이 늘 자기를 바라보고 있다는 생각을 버려야 한다. 남이 자기를 어떻게 바라볼 것인가에 신경 쓰지 말아야 한다. 남들도 자기 인생을 살아가기에 바쁘다.

우리는 아무리 아름다운 꽃이 있어도 오래도록 그 꽃밭에 머무르지 않는다. 그냥 즐기고 재미를 느끼는 단계에서 바라보고 음미할 뿐이다. 그냥 힐끗 보는 관상용이라는 말이다. 마찬가지로 다른 사람들도 화원에 있는 꽃을 보듯 자기를 본다고 생각해야 한다. 남이 자기만을 바라본다는 생각을 버려야 한다. 자기가 남을 바라보기 때문에 남들이 마치 자기를 바라보는 것 같은 착각을 하는 것이다. 그러므로 남을 생각해서 자기가 하고 싶은 일을 하지 않는다든지 자기가 하고 싶지 않는 일임에도 불구하고 남이 본다는 이유로 자기 뜻과는 전혀 상관없는 일을 하려고 하지 말아야 한다. 타인은 자기 삶에만 관심이 있을 뿐이다. 다른 사람들은 남의 삶에 관심이 없다. 그러므로 남을 의식하지 말아야 한다. 남들이 당신을 멋있게 생각하고 당신의 삶이 멋진 삶이라고 생각한다는 착각을 버려야 한다.

사고 싶지 않는 물건인데 옆집 아주머니가 사기에 필요 없는 물건인데 사거나 가고 싶지 않는 해외여행이었는데 모든 사람들이 해외여행을 가기에 가는 것은 남을 의식하는 것이다. 이를 '밴드왜건효과(band-wagon effect)'라고 한다. 남이 시장에 가니 특별히 살 것도 없으면서 물건을 사러 가는 꼴이다. 그런 삶은 극기를 무너뜨리는 주범이다.

때로는 남을 의식하는 것이 극기에 좋은 점도 있다. 일례로 남이 알면 부끄럽고 수치스러운 행동은 섣불리 하지 않게 되는데 그러한 것이 자기를 극기로 이끈다. 그런 식의 남을 의식하는 것이어야 한다. 남을 의식하지 않으려면 자기의식이 강해야 하고 자존감도 높아야 한다. 또 남이 알아주는 자기보다는 자기가 보기에 자기 삶이 멋져 보이는 그런 삶을 살아야 한다. 자기 삶에 만족하고 자기가 보는 자기의 삶이 멋져 보이는 삶이 행복한 극기의 삶이다.

··· 성공한 사람들은 모두 극기의 달인이다 ···

자기를 이기는 사람이 세상에서 가장 강한 사람이라는 말이 있듯 자기를 이기는 사람이 성공한다. 즉 모든 성공한 사람들은 극기의 달인이다. 극기가 있었기에 성공할 수 있었고 극기를 했기에 성공한 것이다. 극기는 성공의 씨앗이다. 극기가 있어야 성공이란 열매를 맺을 수 있다. 극기하지 않으면 성공을 맛볼 수 없다. 성공의 양은 극기의 양에 비례한다. 무슨 일을 이루고 목표를 달성했다는 것, 그리고 남과 다른 차별화된 성과를 냈다는 것은 다른 사람보다는 자기를 이겨 내는 남다른 힘을 가지고 있음을 의미한다. 어렵고 힘든 상황에서 포기하고 싶은 마음을 이기고 행동으로 옮겼기에 성공한 것이다. 또 여유 있게 넉넉하게 쉬고 싶은 욕구를 물리치고 다른 사람들이 잘 때 늘 깨어 있었기에 그러한 성과를 낸 것이다. 그러한 일련의 과정이 극기를 단련하는 과정이다. 그래서 극기는 성공한 상태라고 볼 수 있다. 극기하는 것이 성공이 아니라 극기 자체가 성공이다. 아무리 성공했더라도 자기감정을 조절하지 못하거나 욕망을 억제하지 못하면 그 성공은 물거품이 된다. 극기해서 성공했다고 해도 성공한 연후에 계속해서 극기하지 않으면 성공은 도루묵이 된다. 그래서 극기는 성공과 평생 함께하는 동반자다.

일반적으로 성공했다는 것은 극기의 기반이 확실하게 잡혀 있다는 것을 의미한다. 그래서 혹자는 배우고 익히는 것은 절제를 배우는 것이며, 무엇을 해야 하고 무엇을 하지 말아야 하는가를 아는 것이라고 말한다. 해야 할 것은 해야 하고 하지 말아야 하는 것을 하지 않는 것이 극기가 완성된 삶이다.

어떻게 보면 우리네 삶 자체가 극기다. 지구의 중력을 이겨내야 하고 모든 방해하는 장애물을 극복해야 하는 것 자체의 삶이 극기다. 그냥 가만히 앉아 있으면 모든 것이 이뤄지는 생활이 아니다. 뭔가를 해야 하고 어디론가 움직여야 하고 뭔가를 극복해야 한다. 한편으로는 남을 돕고 겸손하고 양보하는 사람이 성공하고 복을 받으며 살아야 하는데 그런 사람이 천대받고 멸시를 받으며 가난하게 산다. 오히려 남을 욕하고 나쁜 짓을 하는 사람이 더 잘산다. 그래서 남에게 욕을 먹으면 오래 산다는 속설도 있나 보다.

… 때로는 남을 의식하라 …

유난히 주변 사람을 의식하는 사람이 있다. 또 다른 사람들의 눈치를 전혀 보지 않는 사람도 있다. 사람마다 성향과 취향이 모두 다르다. 어떤 사람은 주변 사람을 의식하고 또 어떤 사람은 주변 사람을 전혀 의식하지 않는다. 그야말로 천양지차다. 남의 눈치를 보지 않는 사람들과 남의 눈치를 보는 사람들의 삶의 태도와 방식은 완전히 다르다.

일반적으로 사람들은 자기의 언행이 타인에 의해 평가를 받는다고 생각하면 타인의 눈치를 본다. 또한 타인이 자기에게 갑일 경우에는 눈치를 더 본다. 하지만 자기의 언행이 타인에게 평가를 받을 필요도 없고 자신과 이해관계가 없다고 생각하는 사람은 그다지 남을 신경 쓰지 않는다. 사람의 속성은 이익과 명분에 의해서 움직이게 되어 있다. 특히 자신에게 이익이 되지 않은 것에 대해서는 대부분 신경 쓰지 않고 자기에게 이익이 되는 일을 하려고 하는 것이 인간의 본능이다. 그런 점에 비춰 볼 때 타인의 눈치를 보면서 생활하는 사람들은 모든 이익과 명분이 타인에게 있다는 것을 아는 사람이다. 그 사람들은 대인관계에 길흉화복이 있음을 아는 사람이다. 그런 사람들은 조직에서도 장수한다. 결과적으로 주변 사람들 눈치를 봐야 한다는 것은 주변 사람들과 함께하기 위해 자기가 어떻게 처신해야 하는가에 신경 쓴다는 것을 의미한다.

주변 사람들의 눈치를 보면서 생활하는 것이 자기 성장에 도움이 되기도 한다. 자기 성장의 원천은 타인의 눈과 귀에 있다. 그러므로 타인의 눈치는 계속 봐야 한다. 사람들은 자기에게 관심을 가져다주는 사람을 좋아한다. 자기에게 전혀 신경 쓰지 않는 사람은 그리 좋아하지 않는다. 자기를 어느 정도 의식하면서 자기에게 일정 부문 시선을 주는 사람을 좋아한다. 그러므로 조금은 소극적이고 피동적으로 보일 수는 있지만 그런 사람이 남들에게 호감을 받고 오래도록 모범되게 조직 생활을 잘하는 사람이라고 볼 수 있다.

사실 눈치라는 단어의 의미는 남의 마음을 그때그때 상황으로 미루어 알아내는 것을 의미한다. 상대방의 심리를 알아내는 고단수의

기술이다. 남의 눈치를 본다는 말이 다소 부정적이고 소극적인 선입
감을 주기도 하지만 결국 사람은 눈치를 보면서 함께 더불어 살아갈
수밖에 없다.

2장:

퇴(退)
물러남의 극기

퇴의 극기, 즉 물러남의 극기는 물러나야 하는 시점에는 도마뱀이 꼬리를 자르고 도망가듯 재빠르게 사라지는 것을 의미한다. 아무리 잘나가던 사람도 계속해서 잘나갈 수는 없다. 시대는 늘 변한다. 일등이 꼴등이 되고 꼴등이 일등이 되는 시기가 도래하기 마련이다.

그러한 상황에서 다시금 의연하게 일어서기 위해서는 잘나가는 상황에서도 후퇴해야 하는 시점이라고 생각하면 과감하게 물러나야 한다. 권력의 맛에 취하여 물러나야 하는 시점임에도 불구하고 기득권을 유지하려고 발버둥을 치는 것은 시대적 흐름에 역행하는 결과를 자아낼 뿐이다. 그러므로 물러나야 하는 시점에는 미련을 두지 말고 훌훌 털고 물러나야 한다. 행여나 하는 요행수를 바라는 마음과 혹시나 하는 생각으로 머물러 있어서는 안 된다. 물러나야 할 때는 과감하게 자리를 박차고 물러나야 한다.

1.

물러나 생각의
생각을 거듭하라

⋮

　좋은 생각을 하면 기분 좋은 감정이 생겨서 좋은 마음으로 좋은 행동을 하게 된다. 하지만 나쁜 생각을 하면 기분 나쁜 감정이 생겨서 나쁜 마음으로 나쁜 행동을 하게 된다. 그만큼 생각이 행동에 미치는 영향은 크다. 즉 생각이 행동으로 연계될 확률이 높다. 그래서 좋은 생각을 해야 좋은 행동을 하게 되고 좋은 행동을 하기 위해서는 좋은 생각이 선행되어야 한다. 또 생각하는 과정에 자기가 하고 있는 일이 어떻게 진행되고 있고 자기가 주로 어떤 생각을 하고 있는가를 객관적으로 돌아봐야 한다. 자기가 생각의 주체가 되어 자기를 돌아봐야 한다. 그런데 살다 보면 자기 생각도 자기 마음대로 하지 못하고 타인과의 갈등으로 인해 자기 생각의 주도권을 타인에게 넘겨주고 생활하는 사람이 많다. 자기가 자기 생각의 주인이 되어야 하는데 자기 생각을 타인에게 넘겨주는 것이다. 자기 생각의 주도권을 남에게 빼앗겼다는 것은 자기 인생을 자기가 주도적으로 이끌지 못한다는 것을 의미한다. 그것은 바람직하지 않다. 생각의 공간을 남에게 내주는 것은 자기 인생이라는 운전대를 타인에게 맡기는 것과 같다.

생각의 주도권을 갖는다는 것은 일단 생각하면서 행동해야 한다는 말과 같다. 생각하면서 살지 않으면 사는 대로 생각하게 된다는 말이 있듯 행동하기 전에 생각을 해야 한다. 그래서 생각으로 행동을 이끌어야 한다. 그것이 생각의 주도권을 갖는 것이다. 그런데 많은 사람들이 바쁘다는 핑계로 혹은 생각하는 것이 귀찮아서 다른 사람들에게 생각의 주도권을 넘겨 버린다. 그래서 다른 사람이 시키는 대로 행동한다. 또 자기 생각과는 무관하게 다른 사람이 벌려 놓은 프로세스대로 움직이면서 그 행로에 따라 아무 생각 없이 사는 경우도 있다. 자기 프로세스나 시스템에 의해 자기 행동을 자기가 구축하지 못하고 살아간다. 그것은 자기 인생을 사는 것이 아니라 남의 인생을 사는 것이다. 진정한 자기 삶은 자기가 원하고 뜻하는 방향으로 자기의 생각에 의해서 사는 것인데 그렇지 못하는 것이다.

자기다운 삶을 살기 위해서는 자기 삶을 생각하는 시간을 많이 가져야 한다. 자기가 어떻게 살아왔고 앞으로는 어떻게 살아갈 것인지에 대한 생각을 많이 해야 한다. 그래서 자기 인생을 어떻게 열어갈 것인가에 대해 늘 생각을 해야 한다. 그러한 과정에서 좋은 생각이 나온다. 즉 생각을 해야 그 생각 속에서 좋은 생각이 나온다.

지나온 삶을 생각하면 좋은 기억도 있고 나쁜 기억도 있다. 또 계속해서 두고두고 생각하고 싶은 생각이 있고 그렇지 않고 두 번 다시 생각하고 싶지 않은 생각도 있다. 또 생각만 하면 치가 떨리는 생각도 있다. 그러므로 그런 생각이 난다면 그 생각의 방향을 빨리 다른 곳으로 돌려야 하다.

좋았든 좋지 않았든 간에 생각을 했으면 그 생각이 생활에 도움이 되도록 해야 한다. 또 자기가 생활하는 과정에서 자기의 게으름과 나태함을 깨워 주는 생각이 무엇인지를 생각해야 한다. 그것이 자기를 자기답게 이끄는 길이다. 아울러 생각이 생각을 하게 하기 위해서는 평상시 생각의 힘을 기르는 것이 중요하다. 그 힘은 생각에 의해서 길러진다. 자기가 무슨 생각을 하느냐에 따라 생각하는 품질이 달라진다. 자기가 하는 생각이 부정적인 생각이면 힘을 죽이는 생각이 되고 긍정적인 생각이면 힘을 살리는 생각이 된다. 그러므로 이왕이면 좋은 생각으로 인해 좋은 행동을 유발하는 긍정적인 생각을 많이 해야 한다. 그러기 위해서는 좋은 시절, 좋은 추억, 즐거웠던 생각, 행복했던 시절을 많이 생각해야 한다. 그래야 좋은 생각에 기인하여 좋은 행동을 한다. 그것이 바로 인생을 행복으로 이끄는 단초가 된다. 반대로 자기가 매번 좋지 않는 생각을 하면 그 힘에 의해 기운이 약해지게 마련이다. 그로 인하여 행동이 둔화되고 무기력한 모습을 보이게 된다.

간혹, 나쁜 생각도 극기력을 기르는 힘이 된다. 전혀 생각하고 싶지 않는 아픈 과거를 생각하면서 반성의 기회로 삼는다면 그 생각이 바로 부정의 부정에 의한 강한 긍정의 생각이 된다. 그런 점에 비춰볼 때 어떤 생각을 하는가는 자기 인생에 흥망성쇠를 판가름하는 씨앗이 된다. 자기가 어떤 생각을 하느냐에 따라 자기의 행동반경이 달라지기 때문이다. 그러므로 할일없고 잠이 오지 않는다면 생각의 생각을 거듭하는 시간을 가져야 한다. 또 뭔가 어려운 상황에 봉착하면 깊이 있게 생각할 수 있는 기회라고 생각해야 한다. 누군가 고민을 안겨 주고 근심 걱정하게 했다면 생각의 시간을 갖게 해 준 것에 대해 감사하는 마음으로 생각을 연습하는 것이 좋다.

파스칼은 '인간은 생각하는 갈대'라고 말한다. 이는 인간은 생각하는 위대한 존재지만 바람에 쉽게 흔들리는 갈대처럼 약한 존재라는 의미다. 이처럼 인간은 위대함과 약함을 동시에 지니고 있다. 그렇다면 위대한 삶을 살기 위해서는 바람에 흔들리는 갈대처럼 주변 환경의 변화에 따라 부화뇌동하듯 흔들리는 삶을 살 것인지 아니면 올곧은 삶을 살 것인지를 선택해야 한다. 위대한 삶을 살고자 한다면 생각을 해야 한다. 생각이 수반되지 않는 삶은 위대한 삶이 아니다. 생각이 이끄는 행동이 있는 삶이 위대한 삶이다. 그러므로 생각을 하자. 생각하는 삶을 살자. 생각하지 않으면 갈대 같은 인생을 사는 것과 같다.

기회가 아니라면 물러나 생각하자. 생각하는 삶을 살자. 생각의 힘을 기르자. 생각이 생각을 낳고 그 생각에 기인하여 새로운 생각이 나온다. 우리네 인생은 생각의 산물이다. 또한 생각으로 인해 모든 것이 발전한다. 생각이 모태가 되어 모든 것이 위대하게 창조된다. 생각은 자기를 창조하는 과정이다. 자기를 생각하는 것은 자기라는 새로운 자기를 창조하는 과정이다. 그것도 시간의 찌든 때로 겹겹이 쌓여 있는 고루한 삶을 새로운 삶으로 이끌어 주는 새로운 자기 창조의 과정이다. 생각의 힘이 인생의 힘이고 행동의 힘이고 삶의 힘이고 극기력이다. 생각하면서 살자. 사는 대로 생각하는 어리석은 인생을 살지 말자.

2.

자기와의 싸움에서
밀리면 물러나라

⋮

　자기가 자기를 극복하기 위해서는 자기가 자기와 싸움을 하지 말아야 한다. 뭔가를 하려면 선택의 다양성으로 인해 갈등을 겪게 된다. 무엇인가를 선택한다는 것은 무언가를 포기해야 하는 배타적인 상황을 만든다. 특히 사람의 본성은 가능한 고통보다 쾌락을 주는 일을 하려고 한다. 그러한 본능이 지극히 자연스러운 인간의 본능이다. 그러한 본능적인 욕구와 싸움하고 협상하는 것은 십중팔구 패배하기 마련이다. 그러므로 어떠한 경우에도 자기와 싸우는 것을 피해야 한다. 똥이 무서워서 피하는 것이 아니라 더러워서 피한다는 생각으로 일단은 자기와 싸우지 말아야 한다.

　자기와 싸우지 않기 위해서는 자기를 피해서 다른 길로 돌아가면 된다. 서로 이념이 다른 자기와 만나면 다툼을 피하기 어렵다. 그러므로 다른 길로 돌아가야 한다. 쉽게 가는 것보다 멀더라도 돌아가야 한다. 아울러 자기와의 싸움에서 이기려고 하기보다는 그냥 싸움을 하지 않는 것이 최상이다.

　우리는 종종 아침에 일어나야 하는데 더 자고 일어나야겠다고 자기와 타협하곤 한다. 이처럼 하기 싫은데 해야만 하는 상황이 도래할 때 뭔가 핑계를 대고 싶어 하는 자기와의 싸움을 피해야 한다. 자기가 자기와 싸우면 언제나 자기가 지게 되어 있다. 그러므로 굳이 질 싸움은 하지 않는 것이 좋다.

　자기가 자기와의 싸움에서 지는 이유는 자기가 싸우고자 하는 자기는 가능한 고통보다 편안함을 추구하려고 하기 때문이다. 본연의 자기는 감정적이고 본능적인 욕구를 가진 사람이다. 하지만 그와 대적하는 자기는 이성적이고 합리적인 사람이다. 익히 아는 바와 같이 사람은 감정의 동물이다. 우리가 배우고 익혀서 이성적으로 행동한다고 생각하지만 사람들은 본능적으로 감정에 기인하여 행동한다. 그래서 사람을 감정의 동물이라고 말한다. 자기가 아무리 강한 이성을 가지고 있어도 그 강한 이성으로 감정을 이길 수는 없다. 그래서 그러한 감정적인 자기와의 싸움을 하지 말아야 한다. 그것이 자기가 자기를 이기는 가장 좋은 방법이다. 결국 싸우지 않아도 되기에 언제나 자기가 이기는 것이다. 일례로 아침에 일어나야 하는 시간에 자명종 소리가 울리면 5분을 더 자야지 하는 것은 자기에게 결투를 신청한 것이라고 볼 수 있다. 그러면 본능적이고 감정적인 자기는 그러한 것을 쉽게 받아들인다. 그러면 항상 5분을 더 자게 된다. 그러면 자기가 진 것이다. 자명종이 울리는 시간에 일어나는 것이 자기가 이기는 길이다. 그러므로 일단은 그런 생각을 하지 말고 일어나는 것이 좋다. 그러면 자기가 자기를 이긴 것이다. 5분을 더 자지 말고 일단 여기서는 일어나고 다시금 시간을 내서 마음 편하게 잔다는 식으로 그 갈등의 상황을 연기하는 것도 좋다. 그러다 보면 더 자고 싶은 마음이 봄눈 녹듯 사라진다. 우리가 화가 나도 일정한 시간이 지나면 마음이 차분해지는 것과 같이 일순간 자기와의 싸움을 피하면 자기를 이기게 된다.

3.

적정한
시점에 물러나라

⋮

무엇이든 과욕을 부리면 뒤탈이 생기게 마련이다. 자기가 아무리 잘나가더라도 과욕을 부리면 결국 탈이 나므로 적정한 선에서 빠져나와야 한다. 특히 자기에게 이익이 되는 일이라도 다른 사람에게 손해가 되고 피해를 주는 일이라면 과감하게 빠져나와야 한다. 그런데 사람들은 본능적으로 이익을 보면 계속해서 이익을 보게 될 거라고 생각해서 사태의 심각성을 느끼지 못하고 현실에 안주하는 경향이 있다. 마치 미지근한 상태에 있던 개구리가 물이 뜨거워지는 것을 모르고 즐겁게 수영하듯 생활한다.

죄를 지은 사람도 마찬가지다. 부도덕한 일을 저지르는 경우에도 자신의 행동이 부도덕한 행동이라고 생각한다면 어느 선에서 하지 말아야 한다. 그런데 사람들은 대부분 자기가 설령 부도덕한 일을 하고 있어도 다른 사람은 모를 것이라고 생각한다. 하지만 세상에 비밀은 드러나게 되어 있다. 모두가 알면서 말을 하고 있지 않을 수도 있다. 세상에 영원히 밝혀지지 않는 비밀이 어디 있으랴. 특히 요즘에는 수없이 많은 감시 카메라 혹은 고성능 도청 장치에 이르기까지 알려고 하면 모든 것을 알게 되고 조금만 관심을 가지면 SNS를 통하여 많은 정보를 알게 된다. 우리는 너무도 많은 부문 노출되어 있다. 그러므로 나쁜 행동을 하고 있다면 지금이라도 늦지 않았다. 이제는 그쯤에서 중지하고 중단해야 한다.

사람의 행동이 움츠러드는 이유는 죄책감과 두려움 때문이다. 사람들은 자기가 죄를 지었다고 생각하면 뭔가 모르게 피동적인 사람이 된다. '도둑이 제 발 저리다.'는 말이 있듯 사람은 지은 죄가 있으면 움츠러들게 마련이다. 그래서 뭔가를 자연스럽게 하려고 해도 부자연스럽게 행동한다. 마찬가지로 두려움을 느낄 때도 그러하다. 두려우면 조심조심하게 된다. 세상에 무서운 것이 없다고 생각하는 사람은 자기 행동에 브레이크를 걸지 않는다. 그야말로 무섭게 돌진한다. 하지만 뭔가가 두렵고 마음에 걸리는 것이 있으면 조심스럽게 행동한다. 자칫 실수하거나 재기가 불가능할 정도로 타격을 입을 수 있기 때문이다. 결과적으로 죄책감과 두려움을 가지고 있으면 자기가 하고 싶은 것을 제대로 하지 못한다는 측면에서 봤을 때 죄는 극기를 저해하는 요소다. 또 하고 싶은 것을 하지 못하는 것도 극기 차원에서 볼 때 극기를 못하는 것이다. 하지 말아야 하는 것은 하지 말아야 하고 해야 하는 것은 해야 하는 것이 극기다. 그러기 위해서는 죄를 짓지 않아야 한다. 하지만 신이 아닌 이상 인간은 죄를 지을 수밖에 없다. 누구나 죄를 짓기 마련이다. 아니 인간은 태어날 때 이미 원죄를 가지고 태어난다. 그래서 우리는 누구나 죄인이다. 그러므로 그 죄를 사함 받기 위해서 더 나누고 사랑하고 배려해야 하는 것이 아닌가? 그러한 삶을 살아야 한다. 꼬리가 길면 잡히기 마련이다. 세상에 비밀은 없다. 그러므로 불륜이나 도박 등에 빠져 있다면 지금이라도 늦지 않았다. 그 죄의 굴레에서 빠져 나와야 한다. 좋은 것도 과하면 몸에 좋지 않은데 하물며 나쁜 것을 과하게 한다면 어떻게 되겠는가?

… 권력의 맛에 취하기 전에 물러나라 …

타인에게 권력을 행사하는 갑의 위치에 있다면 권력의 맛에 취하지 않도록 주의해야 한다. 사람은 권력의 맛에 취하면 손가락 하나 까딱이지 않고 타인에게 시키려는 경향이 있다. 물론 권력을 가지기 전에는 모든 것을 혼자 했을 것이다. 그때는 시키려고 해도 시킬 사람이 없었기 때문이다. 그런데 권력을 잡고 사람을 부리다 보니 이제는 자기가 직접 움직이려고 하기보다는 말과 손가락으로 모든 것을 해결하려고 한다. 그래서 리더가 되면 될수록 더욱더 솔선수범해야 한다. 리더가 솔선수범하는 모습을 보고 부하들이 따르게 하려는 의도도 있지만 자기가 단련된다는 것에 궁극적인 목적이 있다. 그러므로 권력을 가지고 있다면 그 권한을 다른 사람에게 위임하고, 자신이 해야 하는 일은 가능한 자신이 해야 한다. 남을 시키는 것이 습관이 되면 그로 인해 자기가 나태해지고 게을러진다는 점을 알아야 한다.

또 자기를 이기기 위해서는 자기가 움직여야 한다. 자기가 아픈데 남이 약을 먹는다고 낫는 것은 아니다. 자기가 대변이 마려운데 남이 대신 배설할 수 없다. 그러므로 권력의 자리에 앉았다면 늘 자신을 돌아보고 권력 사용을 최소화하는 것이 바람직하다. 무위지치(無爲之治)라는 말이 있듯이 권력이 없는 듯하는 사람, 권력자인지 아닌지를 모르게 하는 사람이 진짜 권력자다. 도덕경에 '도가도 비상도'라는 말이 있듯 없는 듯 권력을 행사하고 권력을 행사하는지를 타인이 느끼지 못할 정도로 사용하는 사람이 진정 좋은 권력자다. 아니, 그런 사람이 덕치를 행하는 사람이다.

권력을 함부로 휘두르는 사람은 권좌에서 내려왔을 때 자기가 얼마나 게으르고 나태한 사람이라는 것을 알게 된다. 또 권력의 달콤한 맛에 취해 자기가 얼마나 편안하게 생활했는지를 알게 된다. 그것도 아주 뼈저리게 느끼게 된다. 계속해서 갑으로서 살아온 사람이 어느 날 을이 되는 순간 자기를 돌아보게 된다. 그리고 갑으로서의 생활이 얼마나 풍요로웠는지를 알게 된다. 더불어 얼마나 많은 시간 동안 자기가 자기를 망쳤는지를 깨닫게 된다. 또한 자기가 얼마나 안일한 생활을 했는가를 알게 된다. 그때는 하늘이 노랗게 보일 것이고 앞이 깜깜하게 느껴질 것이다. 그야말로 그 순간이 꿈이었으면 하는 생각도 들 것이다. 그것이 바로 권력의 자리에 있을 때 솔선수범해야 하고 자기와의 싸움에서 자기를 이겨야 하는 궁극적인 이유다.

자기를 이겨 내기 위해서는 권력의 자리에 있을 때도 평범한 자리에 있을 때와 같이 한결같아야 한다. 일례로 평소 근면 성실하게 직장 생활을 해 오던 사람이 간부가 되자 모든 상황에서 자기가 리더가 되어야 한다고 나서는 경우가 있다. 그만큼 사람은 환경에 의해서 지배를 많이 받는다. 외적인 환경에 굴하지 않고 의연하게 자기를 스스로 단련하는 것은 어렵다. 특히 권력의 자리에 있으면 주변의 아부하는 사람으로 인해 더 거만해지고 게을러진다. 그러므로 그러함에도 불구하고 자기를 잃지 않도록 스스로 노력해야 한다.

편안한 자리에 있을수록 낮은 곳에 거해야 하는 이유가 바로 거기에 있다. 자기 행실을 잘 살피고 권력의 자리에 있어도 늘 자기 관리를 잘하는 사람이 롱런한다. 자기 관리를 잘하고 늘 깨어 있는 사람은 권력의 높은 자리에 있어도 자기를 망가뜨리지 않는다. 당나라의 태평 치세를 이룬 당 태종 이세민이 정관의 치로 태평 치세를 이룬 것도 방현령이나 위징과 같은 신하들의 간언을 경청했기 때문이다. 또한 세종대왕이 조선을 평화로운 나라로 이끈 것도 바로 스스로 근신하며 신하들의 의견을 존중했기 때문이다. 이렇듯 권력의 자리에 있으면서 늘 자기를 성찰하고 자기의 부족을 채우기 위해 타인의 조언에 귀를 기울여야 한다.

사실 권력의 맛은 달콤하다. 권력은 부자간에도 나누지 않는다는 한비자의 말을 새기지 않아도 권력의 맛에 취하면 자기 가족도 몰라보고 위아래도 모르는 괴물이 된다. 권력의 맛은 치명적이다. 권력의 달콤한 맛에 중독되면 그야말로 자기가 자기를 통제하지 못하는 정도에 이른다. 그러므로 자기가 힘을 다해서 노력하지 않으면 안 된다. 그렇지 않으면 조선 시대에 사간원을 두었던 것처럼 자기가 잘못하면 그것을 간언해 주는 사람을 곁에 두어야 한다.

권력의 달콤한 맛은 자기가 하고 싶은 것을 마음대로 할 수 있다는 것과 그것을 자기가 직접 행하지 않아도 다른 사람을 시켜서 할 수 있다는 것에 있다. 자기 마음대로 자기가 하고 싶은 것을 할 수 있고 나아가 자기가 하기 싫은 일도 다른 사람에게 지시를 내려서 할 수 있으니 그야말로 금상첨화가 아닌가? 그러므로 주의하고 조심해야 한다. 권력은 권력자를 썩게 만드므로 권력에 의해서 썩지 않도록 자기 몸에 근면과 성실과 신독이라는 방부제를 칠해 주어야 한다. 그래야 자기가 부패되지 않고 썩지 않는다.

때로는 권력을 자기를 단련하는 시금석으로 삼아야 한다. 권력을 자기 말과 생각과 행동의 칼을 가는 용도로 활용해야 한다. 또 권력을 가지고 있다면 권력의 칼이 다른 사람을 향하게 하기보다는 자기를 향하게 해야 한다. 자기가 행하는 권력의 칼이 밖으로 향하는 순간 자기 인생은 좀먹고 썩게 된다는 것을 알아야 한다. 그것이 권력자가 스스로 자기를 이끄는 비결이다.

누구나 권력을 갖고 싶어 한다. 또한 누구나 권력의 칼에 머리를 조아린다. 한국 사람들이 행복하기 위한 세 가지 요건으로 건강과 돈과 권력을 꼽듯 사람이 행복하기 위해서는 건강과 돈과 권력을 두루 갖추어야 한다. 대부분의 사람들이 그러하다. 그런데 특이하게

도 한국 사회에서는 이상과 같은 세 가지 중에서 특히 권력을 가지고 있어야 한다. 권력을 가지고 있으면 돈도 생기고 건강도 좋아지기 때문이다. 그래서 많은 사람들이 권력을 잡기 위해 안간힘을 쓰고 있다. 통상적으로 평범한 생활을 하더라도 권력을 가지고 있는 사람이 특혜를 많이 받고 혜택도 많이 받는다. 그래서 권력이 행복이 되고 지배가 행복이 된다. 돈이 있는 사람이나 배운 사람도 결국에는 정치를 하려고 한다. 그만큼 권력이 주는 맛이 아주 달콤하고 권력의 유혹이 강하다는 것을 반증한다. 그러기에 그러한 권좌에 오르기 전에 신독의 극기를 생활화해야 한다. 즉 준비가 되어 있는 사람이 권력을 잡아야 한다. 준비가 되지 않는 상태에서 권력을 잡다 보면 그 권력이 주는 유혹에 흔들려 자신을 잃게 된다.

4.

물러나 다시
계획을 세워라

:

우리는 연초에 술을 안 마시겠다, 혹은 담배를 피우지 않겠다, 부모님 말씀을 잘 듣겠다, 결코 음주운전을 하지 않겠다 등등의 여러 가지 결심을 한다. 그런데 그 같은 결심이 행동으로 잘 연계되지 않는 경우가 많다. 아무리 마음을 먹고 또 먹어도 다시금 같은 실수를 반복하는 경우가 대부분이다. 그럴 경우에는 자신의 실수를 인정하고 순수하게 받아들여야 한다. 자기가 실수했다는 사실을 인정하고 자기 잘못을 깊이 있게 성찰해야 한다. 그것이 실수가 재발되는 것을 방지하는 길이다. 아울러 그런 경우에는 지금까지 있었던 것을 완전히 포맷한다는 생각으로 기억에서 전부 지워야 한다. 그런 연후에 다시 시작해야 한다. 물론 그 전에 과거의 잘못을 깊이 있게 성찰해야 한다. 자기 실수에 대해서 과거를 반성하지 않고 포맷하는 것은 과거의 잘못을 답습하는 우를 범할 수 있다. 그러므로 그러한 우를 범하지 않기 위해서는 과거의 실수를 반성하고 자기 잘못을 겸허하게 받아들여야 한다. 그런 연후 결연한 마음으로 새로운 계획을 세워서 새로운 마음으로 실천해야 한다. 그것이 자기를 다시 세우는 길이다.

신이 아닌 이상 사람은 누구나 실수한다. 실수하지 않는 사람은 없다. 자기가 완벽하다고 생각하는 사람은 없다. 돈이 많아도 후회하고 잘 나가도 부족함을 느낀다. 완전무결한 사람은 없다. 사람들은 누구나 결핍이 있고 고민하고 어떻게 하면 잘 살 수 있을까를 궁리한다. 하지만 그러함에도 그것을 당연하게 받아들여야 한다. 자기도 실수하고 남들도 그러한 실수를 하면서 살고 있다고 생각해야 한다. 그러면서 다시는 그런 실수를 하지 않으면 된다고 생각해야 한다. 잘못된 과거를 생각하면서 언제까지 과거에 발목이 잡히지 말아야 한다. 자기의 미래를 활기차게 열어가기 위해서는 항상 자기가 큰 사람이라고 생각해야 한다. 아울러 나는 할 수 있다, 여기서 무너지면 안 된다고 자기 최면을 걸어야 한다. 어처구니없는 실수로 돈을 날렸다면 앞으로 더 큰돈을 벌면 된다고 생각해야 한다. 그러한 결심으로 다시 시작해야 한다. 이때 가장 중요한 것은 과거를 깨끗하게 청산하고 새판을 짜는 것이다. 새 술은 새 부대에 담아야 한다는 생각으로 자기 인생의 판을 새로 짜야 한다. 아울러 다시는 그런 유혹에 빠지지 않고 자기 극기력 향상에 적합한 환경을 조성해야 한다.

인간은 환경이 변하면 마음도 변하게 마련이다. 그러므로 술로 인해 걱정이 된다면 술집이 없는 곳으로 이사해야 하고 여자로 인하여 문제가 된다면 여자를 만나지 말아야 하며 돈을 낭비하는 버릇이 있다면 현금을 소지하지 않는 등 주변 환경을 바꿔 줘야 한다. 그러면 그로 인해 극기하는 힘이 길러진다. 마찬가지로 자기가 새롭게 다시 시작을 한다고 결심했다면 다이어리도 새것으로 바꿔야 한다. 기존의 다이어리를 과감하게 버리고 새 수첩에 새로운 계획을 세워서 생활해야 한다. 아울러, 그것을 반복하다 보면 실수가 점점 줄어드는 것을 발견하게 될 것이다. 중요한 것은 뼈저리게 느끼고 마음속 깊이 반성해야 한다는 것이다. 깊이 반성하고 다시는 그런 일이 발생되지 않도록 하기 위해 100일 프로젝트 혹은 9일 기도 혹은 1000일 실천 계획을 세워서 하루하루 자신의 생활을 관리한다면 자기를 이기는 힘이 점점 강화될 것이다.

… 휴식 계획을 세워라 …

극기를 해야 한다고 해서 무조건 힘들고 어려운 상황을 극복하는 것이 능사는 아니다. 자기가 힘들고 어려우면 때로는 쉬어 주어야 한다. 과로하면 선택의 상황에서 올바른 선택을 할 수 없다. 또 판단력이 흐려져 평소와는 다른 선택을 하게 된다. 그러므로 가능한 휴식을 적정하게 취해야 한다. 많은 사람들이 휴식의 중요성을 알면서도 섣불리 휴식을 취하지 못하는 이유는 휴식을 취하는 것이 습관화되지 않았기 때문이다. 오로지 일에만 목숨을 걸어 왔기 때문에 오히려 휴식을 취하는 것을 어색하게 생각한다. 휴식을 취하고 싶어도 휴식을 취해 본 적이 없어서 함부로 휴식을 취하지 못하는 것이다. 그러므로 휴식도 습관이라는 생각으로 자기가 피곤하지 않아도 일부러라도 정기적으로 휴식을 취해야 한다. 왜냐하면 고기도 먹어 본 사람이 잘 먹는다는 말이 있듯이 휴식도 취해 본 사람이 잘 취할 수 있기 때문이다.

특히 나이를 먹으면 먹을수록 휴식을 잘 취해야 한다. 젊을 때는 날밤을 새도 사우나에 한번 갔다 오면 개운하게 몸이 풀렸는데 나이를 먹을수록 회복하는 데 많은 시간이 소요된다. 자기가 아무리 노력한다고 해도 몸이 노화되는 것은 막을 수 없다. 그러므로 나이를 먹어 심신이 피곤하면 빨리 휴식을 취해 줘야 한다. 또 평상시 유산소운동을 하면서 체력을 길러야 한다. 정신 근력과 체력이 강해야 한다. 그렇지 않으면 위기 상황에 넘어져 일어설 수 없는 지경에 이를 수 있다.

많은 사람들이 휴식을 취해야 함에도 이번 프로젝트만 끝나면 쉬겠다, 혹은 일을 다 마치면 그때 가서 한꺼번에 몰아서 쉬겠다는 생각으로 휴식을 차일피일 미룬다. 그러다가 바쁜 일이 생기고 급한 일이 생기면 휴식을 뒤로하고 또다시 일을 한다. 그러므로 이스라엘 민족들이 안식일을 정하여 휴식을 취하듯 휴식하는 날을 특정해서 그날은 무조건 쉬어 주어야 한다.

휴식을 잘 취하기 위해서는 피곤하면 일단 쉬어야겠다는 생각을 해야 한다. 일이 우선이 아니고 극기가 우선이 아니고 휴식을 우선으로 생각해야 한다. 그런 사람이 참다운 휴식의 미를 아는 사람이다.

휴식을 취할 때는 충분히 생각해서 계획적으로 취해야 한다. 휴식도 계획하고 설계해야 한다. 아무 생각 없이 그냥 쉬는 것이 아니라 계획을 세워서 쉬어야 한다. 그렇지 않고 남들이 쉬니까 혹은 주변 사람들이 휴가를 가니까 휴식을 취하는 것은 별달리 효과가 없다. 그런데 직장 생활을 하다 보면 그것 역시 자기 뜻대로 잘되지 않는다. 직장인이라는 특수성을 감안하면 자기가 가고 싶다고 해서 마음 대로 휴식을 갈 수 있는 것이 아니기 때문이다. 하지만 그럼에도 불구하고 짬을 내서 틈틈이 휴식을 취해야 한다. 적정하게 휴식을 취하지 않으면 그것이 쌓이고 쌓여 결국 재기 불가능한 상황에서 이르게 되기 때문이다.

급하고 어려운 일이 많아 쉴 겨를이 없다고 말하는 사람은 자기의 영혼을 잃어버리는 생활을 하고 있는 것이다. 바쁘다는 것은 자기를 잊는다는 것을 의미한다. 자기중심을 가지고 생활하기 위해서는 여유가 있어야 한다. 그러한 여유는 휴식이 가져온다. 그러므로 바쁘다면 휴식을 취해야 하는 시점이라고 생각해야 한다. 일이 잘 안 풀리면 풀어놓고 쉬려는 사람이 많다. 일이 뜻대로 잘되지 않으면 먼저 휴식을 생각해야 하는데 어떻게 해야 일이 잘 풀릴까를 먼저 생각한다. 일이 잘 풀리지 않으면 휴식을 취해도 휴식을 취하는 것 같지 않기 때문이다. 또 회사 일이 잘되어야 휴식을 취하고 난 이후 회사에 복귀해도 스트레스가 덜하기 때문이다. 직장인에게 있어서 휴식은 일과 밀접한 관계가 있다. 직장인들의 휴식은 자기를 위한 휴식이 아니라 일을 생각하면서 쉬어야 하는 반쪽짜리 휴식이다. 순수하게 회사를 잊고 휴식을 취하는 경우는 드물다. 휴식을 취하다가도 회사에 비상이 걸리면 복귀해서 회사 일을 해야 한다. 그러기에 직장인은 일반인들보다 더 휴식이 필요하다.

5.

분위기에
빠지기 전에 물러나라

:

   뭔가 귀신에 홀린 것 같다, 혹은 내가 왜 그랬는지를 모르겠다 라는 말이 저절로 나올 정도로 어처구니없는 상황에 처하게 되는 경우가 종종 있다. 전혀 그러고 싶은 생각이 없었는데 자기도 모르게 생각지도 못한 어처구니없는 행동을 한 것이다. 그것은 아마도 분위기에 휘둘려 자기도 모르는 상태에서 행동했을 확률이 높다. 자기는 전혀 그럴 생각이 없었는데 분위기를 타는 바람에 잠시 정신이 나가서 그런 어처구니없는 행동을 한 것이다.

   자기도 모르게 정신을 놓거나 분위기를 탔다는 것은 자기의 감정을 자기가 주체하지 못했기 때문이다. 분위기마다 그 분위기에 맞는 행동이 있다. 장례식장에서는 숙연하고 슬픈 분위기를 연출해야 하고 결혼식장에서는 즐겁고 경쾌한 분위기를 연출해야 한다. 아니 굳이 그러지 않아도 이미 그 장소에 가면 사람의 감정은 그 분위기에 맞는 상태로 자동 전환된다. 자기가 아무리 다른 감정을 가지고 있더라도 그 분위기에 편승하여 그 분위기에 적합한 행동을 한다. 그 분위기에 계속 있다 보니 자기도 모르게 그 분위기에 빠져든 것이다.

  생선을 싼 종이에서는 생선 냄새가 나게 마련이다. 또 아무리 좋은 향수를 뿌렸어도 화장실에 오래 있으면 암모니아 냄새가 옷에 배게 마련이다. 마찬가지로 자기가 아무리 정신력이 강해도 가스에 중독되듯 자기가 처한 환경에 오래 있으면 자기도 모르게 중독될 확률이 높다.

  전혀 구입하고 싶지 않는 물건인데 영업 사원의 권유나 그 매장 분위기에 휘둘려서 구입하거나 자기도 모르게 욱하고 화를 내는 것은 우리가 감정의 동물이기 때문이다. 오히려 분위기에 휘둘리지 않는 사람이 이상한 것이다.

  흔히 분위기에 휘둘리지 않는 사람을 피도 눈물도 감정도 없는 독한 사람이라고 말한다. 사람은 분위기에 의해 감정적인 반응을 보이는 것이 본능인데 그렇지 않으므로 독하다는 말이다. 달리 말하면 분위기에 감정 변화가 없는 사람은 주변 분위기에 의해 감정이 동요되지 않을 정도로 안정되어 있음을 의미한다.

  이렇게 분위기에 감정이 흔들리지 않는 사람이 정서적으로 안정된 사람이며 그런 사람이 행복감을 느낀다. 또 정서적으로 안정된 사람이 성공할 확률이 높다. 주변 환경에 휘둘리지 않고 자기가 원하는 삶을 올곧게 살기 때문이다. 그러므로 주변 분위기에 휘둘리지 않고 자기가 마음먹은 것을 일관되게 실천하기 위해서는 감정 조절을 잘해야 한다. 그래서 사람의 감정을 움직이는 사람들은 그런 것까지도 염두에 두고 분위기를 연출한다. 삼국지의 적벽대전에서 조조가 연환계에 걸려 결국 화공술에 의해 대패(大敗)한다. 조조답지 않은 어리석은 결정을 했기 때문이다. 조조가 배를 쇠사슬로 묶어 둔 것은 방통의 분위기에 휘둘렸기 때문이다. 대개 분위기에 휘둘려서 자기도 모르게 실언이나 실수하는 경우는 그 사람이 해당 분야에 대해 전문 지식을 가지고 있거나 자신이 실력이 있다고 자만하는 경우다. 자기가 실력이 있고 감정 조절을 잘하기에 자기는 그 분위기에 오래 있어도 결코 중독되지 않을 것이라고 자만한다. 그래서 당하는 것이다.

'산을 좋아하는 사람은 산에서 죽고 물을 좋아하는 사람은 물에서 죽는다.'는 말이 있다. 결국 자기가 잘하는 것이 자기를 분위기에 휩쓸리게 한다. 잔꾀를 잘 부리는 사람이 자기 잔꾀에 넘어가듯 분위기를 타지 않을 것이라고 자만한 나머지 자기도 모르게 중독되는 경우가 많다. 그러므로 너무 자만하지 말아야 한다. 걷는 자 위에 뛰는 자가 있고 뛰는 자 위에 나는 자가 있기 때문이다.

사람의 감정을 건드려서 분위기를 연출하는 사람은 인간 심리의 전문가다. 그 사람들은 어떻게 해야 사람의 감정을 움직여서 자신의 뜻대로 움직이게 할 것인가에 도가 튼 사람이다. 그러므로 그런 사람들과 대적하려고 하지 말아야 한다. 호객 행위를 해서 물건을 파는 사람이 안 사도 좋으니 일단 구경만 하라고 해서 그냥 쇼핑만 하고 나오려고 했는데 자신도 모르게 물건을 듬뿍 사서 돌아오는 사람들이 많다. 일단 들어가면 그 들어온 사람의 감정을 움직여서 물건을 사도록 하는 마케팅 전문가가 있다는 것을 알아야 한다. 이 이야기는 비단 물건을 사는 것에만 국한된 이야기가 아니다. 돈을 빌려줄 때 혹은 자기가 중요한 의사 결정을 할 때에도 분위기에 의해 자기 뜻과는 전혀 다른 선택을 하는 경우가 종종 있다. 그러므로 자기가 의도하지 않아도 전문가의 설득에 의해서 설득된다는 것을 인지해야 한다. 그래야 알고도 당하는 우를 범하지 않을 수 있다. 정신 바짝 차리지 않으면 자기가 생각하지 못한 시점에 당하게 되어 있다.

분위기에 휩싸이지 않고 자기가 뜻하는 바를 지키기 위해서는 그 상황에서 일단 벗어나야 한다. 가스실에 있으면서 방독면을 썼기에 아무 이상이 없을 것이라고 생각해서 계속 있다 보면 가스에 중독되듯 오래도록 있으면 결국 빠져들게 된다. 일례로 결코 도박을 하지 않을 것이라고 강하게 결심하고서 도박장에 간 사람도 다른 사람들이 하는 것을 보면서 자기가 하면 왠지 잘할 것 같다는 생각을 하게 된다. 거기에다 음악과 조명으로 연출된 분위기가 도박의 욕구를 불러일으키게 한다. 그러면 도박을 전혀 해 본 적이 없어도 자기도 모르게 도박을 하게 된다. 그 과정에서 바람잡이의 음모가 시작된다. 일부러 상대방이 돈을 따도록 해서 일확천금의 환상에 빠지게 한다. 그런 일련의 과정에서 자기도 모르게 도박에 빠져들게 되는 것이다.

도박을 포함하여 마약, 술, 담배, 섹스, 여행, 등산, 골프 등 모든 중독은 호기심에서 비롯된다. 처음에는 전혀 관심이 없었는데 호기심 때문에 잠시 들렀다가 낭패를 보는 사람들이 많다. 그래서 중독성이 있는 것은 아예 처음부터 하지 않는 것이 좋다. 또 그 분위기에 빠지면 빨리 빠져나와야 한다. 호기심 어린 마음으로 잠시 있다가 혹은 조금만 보고 나간다는 생각을 하지 말아야 한다. 그냥 곧장 나가야 한다. 마치 술을 한잔만 하려고 하던 사람이 열 잔, 스무 잔을 마시고, 1차만 하고 집에 가겠다던 사람이 3차까지 가는 것과 마찬가지로 자신이 이겨 낼 것이라고 생각하면 할수록 더 깊이 빠져들게 된다. 그러므로 분위기에 휘둘리지 않으려면 무조건 벗어나야 한다. 그래야 온전히 자기 마음을 지킬 수 있다.

즉 자기를 굳건하게 지킨다는 것이 중요하다. 자기중심이 있어야 한다. 역으로 생각하면 자기가 생각한 바를 행동으로 옮기기 위해서는 분위기를 조성하는 것이 중요하다고 할 수 있다. 극기할 수밖에 없는 분위기, 행동할 수밖에 없는 분위기, 행동하지 못하게 하는 분위기 등 분위기로 행동을 통제해야 한다. 분위기에 의해서 감정이 조절되고 그 감정에 의해 행동이 조절된다. 그래서 연설을 하거나 대중을 상대로 행사하는 사람들은 무드를 중요하게 생각한다. 무드에 따라서 대중들의 움직임이 달라지며 행사의 성공 여부가 결정되기 때문이다.

6.

은밀하게
물러나라

⋮

   극기하기 위해서는 자기의 힘도 강해야 하지만 외부 사람들에게 간섭받지 않아야 한다. 그래야 흔들리지 않는다. 다른 사람의 간섭을 받지 않기 위해서는 타인의 관심 영역 밖에 있어야 한다. 가능한 다른 사람의 시야에서 멀리 있어야 한다. 눈에서 멀어지면 마음에서도 멀어지게 되어 있다. 그러므로 가능한 한 다른 사람의 눈에 띄지 않아야 한다. 그래서 다른 사람으로 하여금 자기 존재에 대해 잊고 지내도록 해야 한다. 그러면서 다른 사람이 보이지 않는 곳에서 쉼 없이 움직여야 한다. 그야말로 정중동 해야 한다. 아울러 다른 사람이 모르는 가운데 치열하게 움직여야 한다. 즉 다른 사람에게는 가만히 있는 것처럼 보이지만 실제로는 자기의 미래를 위해 분주하게 움직여야 한다. 그래서 자신이 두각을 나타낼 만한 절호의 기회가 왔을 때 자기 진면목을 유감없이 드러내야 한다.

   은밀하고 위대하게 움직이라는 말이 있다. 그러하다. 사냥꾼이 사냥할 때 은밀하게 움직이다가 목표물을 포획을 할 때는 신속하게 움직여서 포획하는 것처럼, 평상시에는 은밀하게 있다가 자기에게 기회가 오면 쾌속하게 움직여야 한다.

특히 단체생활을 하는 경우에는 더 침묵해야 한다. 자기 자랑을 하거나 아는 체하지 말아야 한다. 자기가 주도권을 쥐고 있는 것처럼 나서거나 함부로 나서서 행동하지 말아야 한다. 모난 돌이 정을 맞는다는 말이 있듯 그런 경우에는 다른 사람의 시기와 질투라는 돌매를 맞을 수도 있기 때문이다.

진짜로 돈이 많은 부자는 남에게 돈을 자랑하지 않는다. 하지만 어정쩡하게 돈을 보유하고 있는 부자는 돈이 있다는 것을 남에게 자랑한다. 또 정말로 실력이 높은 사람은 결코 자기의 실력을 함부로 드러내지 않는다. 그러면서 남모르게 내공을 기른다. 그래서 다른 사람이 함부로 범접할 수 없는 위대한 단계에 이르게 된다. 그러한 사람이 되어야 한다. 자기 실력을 타인에게 함부로 자랑하지 말아야 한다. 퍼스널 브랜드를 구축한답시고 자기의 실력을 다른 사람에게 알리는 사람이 있는데 그것은 장기적으로 손해가 많다. 자기와 이해관계가 있는 사람은 당신이 잘되기를 바라지 않는다는 점을 알아야 한다. 그러므로 결코 자랑하지 말아야 한다. 차라리 자랑을 할 테면 SNS를 통해 불특정 다수에게 브랜드 가치를 올리기 위한 홍보 활동을 하는 것이 좋다.

직장 생활을 할 때도 톡톡 튀지 않아야 한다. 그냥 자기 일을 하면서 묵묵히 있는 듯 없는 듯 지내는 것이 좋다. 그러면서도 없으면 티가 나고 있으면 그 존재 가치를 모르는 사람처럼 처세하는 것이 좋다. 일반적으로 사람들은 특정한 사람을 붕 띄웠다가 나락으로 떨어뜨리는 것을 즐긴다. 그래서 한 사람을 스타로 만들 때도 있고 그 스타가 나락으로 떨어지는 것을 보면서 쾌감을 느끼기도 한다. 그런 점에 유념해야 한다. 그렇다고 다른 사람을 피해 가면서 숨어 지내라는 것은 아니다. 단지 너무 나대지 말라는 것이다. 너무 나서서 활동하다 보면 동네 개가 되어서 모든 것을 해야 하는 상황에 이르게 된다. 자기 일을 하기도 바쁜데 괜히 남의 일도 해야 하고 공적으로 해야 하는 업무가 많아져서 결국 자기 사생활이 불안정하게 된다. 그렇게 되면 결국에는 번아웃 상태에 이르게 되고 자기가 하는 일에 회의를 느끼게 된다. 그로 인하여 극기력이 약화되는 것이다. 그러므로 자기 힘을 배가시키고 극기력을 키우기 위해서는 자기 스스로 은밀하게 자기 실력을 길러야 한다.

일반적으로 많은 사람들이 자기가 가진 기득권을 다른 사람에게 내놓지 않으려고 한다. 또 자기가 가진 권력을 유지하기 위해 갖은 수단을 쓴다. 그래서 다른 사람이 자신의 영역을 침범할 수 있다고 생각하면 일단은 경계하고 자기의 위치가 위협을 받는다고 생각하면 거세게 공격한다. 이처럼 조직에서는 자기 영역을 침범하려는 사람을 사장시키려는 경향이 있다. 그러므로 그런 정치적인 소용돌이에 휘둘리지 않도록 최대한 몸을 낮춰야 한다.

7.

좋은 유산을
남기고 물러나라

:

내가 이 세상에 태어난 이유가 무엇일까를 생각해 본다. 내가 왜 이 세상에 태어났을까? 또 나는 죽을 때까지 무엇을 해야 알찬 인생을 사는 것일까? 가장 나다운 나는 어떤 나일까? 이런 생각을 하다 보면 내가 사는 것이 단순히 나만을 위한 것이 아니라는 것을 알게된다. 내가 내 인생을 사는 것은 남에게 좋은 영향력을 주기 위함에 있고 상호 복된 삶을 위해 노력하는 데 있다.

삶에는 과거와 현재와 미래의 삶이 있다. 굳이 시간적으로 구분하자면 그렇다는 이야기다. 과거의 삶, 현재의 삶, 그리고 미래의 삶, 이 세 가지 삶 중에서 어느 한 가지 삶에 집착하는 것은 좋은 삶이 아니다. 포트폴리오를 짜듯 세 가지 삶이 서로 조화와 균형을 이뤄야 한다. 가장 이상적인 삶은 미래의 삶을 개척하기 위해서 현실에서 노력을 경주하는 삶이다. 어렵고 힘든 과거의 삶이 있기에 현재에 이른 것이고 현재의 삶을 어떻게 살고 있는가의 여부가 미래의 삶을 결정한다. 그런데 많은 사람들이 현재의 삶만 중요하게 생각한다. 물론 현재 최선을 다하고 즐기는 것은 좋다. 그런데 현재에만 치중하는 것은 왠지 모르게 2프로 부족하다는 생각을 하게 된다. 바로 미래를 위한 삶에도 관심을 가져야 한다.

자기 현재의 삶이 후손들에게 영향을 준다고 생각하면 자기 인생이지만 함부로 살지 않게 된다. 자기 혼자만이 사는 인생이라면 제멋대로 살면 된다. 자기 인생에서 자기가 해야 하는 것들을 생각하면서 그냥 자기가 원하는 삶을 살면 그만이다. 내일이야 어떻든 목전에 닥친 자기 인생만 살면 된다. 이 세상에 올 때 혼자 왔듯이 떠날 때도 혼자 떠난다는 생각으로 그냥 살면 된다. 그런 사람들의 삶이 잘못된 삶이라고 전적으로 말할 수는 없다. 하지만 그런 삶보다는 자기가 이 세상에 온 이상 이왕이면 후손들을 위해서 의미 있는 유산을 남긴다는 생각으로 살면 보다 유익한 삶을 이끌 수 있다.

자기 인생을 더욱 유익하게 이끌기 위해서는 자기 삶을 살면서 남의 미래를 위한 삶도 살아야 한다.

또 자기 삶이 타인에게 영향을 주고 자기가 남긴 유산이 후손들에게 어떤 영향을 줄 것인가를 생각하면서 살아야 한다. 자기 인생을 자기 주도적으로 살아야 한다고 해서 자기 인생을 자기만을 위해서 사는 것은 바람직하지 않다.

우리가 죽음을 생각하면 현재 삶의 의미를 더 깊게 부여받을 수 있다. 죽음을 생각하면 현재를 더 올바르게 이끌 수 있다. 죽음이라는 것이 있기에 오늘의 삶이 더 소중하고 귀하게 느껴지는 것이다. 이때 의미 있는 삶을 살기 위해서는 내가 이 세상을 떠날 때 나는 과연 무엇을 남겨 두고 떠날 것인가를 생각해야 한다. 내가 떠나는 날에 어떤 유산을 남길 것인가를 생각해야 한다. 그러면 현재의 삶에 더 최선을 다하게 된다. 내가 사는 현재의 삶이 나만의 삶이 아니라 나의 죽음 이후 내 후손을 위한 위대한 삶이 된다. 그렇다. 단순히 자기만 생각하는 삶에는 큰 의미를 부여할 수 없다.

그런 생각을 가지면 자기가 하는 일에 극기력이 배가된다. 내가 현재 참고 견디는 것은 먼 훗날 후손들에게 도움이 되고 그들의 삶을 더 윤택하고 풍요로워질 거라는 생각을 하면 가슴이 벅차오를 것이다.

자기 인생만 생각하면서 사는 사람은 나무를 심을 수 없다. 자기 삶만을 생각하는 사람은 숲을 만들 수 없다. 자기가 심은 나무 그늘에서 후손들이 편히 쉴 수 있도록 자기 인생에서 후손을 위한 나무를 심는다는 마음으로 살아야 한다. 그래야 더 좋은 유산을 남길 수 있다. 이 시대에 남긴 유산은 먼 훗날 후손들 삶의 기반이고 초석이 된다.

현재 하고 있는 일이 내 생에서 끝나는 것이 아니라, 내 후손들의 삶에 영향을 준다고 생각하면 어렵고 힘든 것을 견뎌 낼 수 있기에 극기력이 강화되는 것이다. 또 자기의 행동 하나가 역사적인 사실이 된다고 생각하면 행동 하나를 하더라도 함부로 하지 않을 것이다.
그런 삶의 태도가 극기력을 길러 준다.

8.

판이 바뀌면
즉시 물러나라

⋮

극기를 함에 있어서 계속 해 오던 일은 진이 박혀 인내하는 데 도움이 된다. 극기를 하는데 별다른 부하가 없기에 참아내는 힘이 생기는 것이다. 아울러 그 판을 계속 유지할 수 있는 힘이 생긴다. 그것은 계속해 오던 일이고 몸에 익은 일이어서 무의식적으로 견뎌 내는 것이다. 그런데 문제는 현재의 리듬과 스타일이 계속되지 않고 자기도 모르는 상황에 판이 바뀌는 데 있다. 혁신이나 변화로 인해 자기의 현재 위치가 달라진 경우다. 그런 경우에는 자기가 현재 하고 있는 일을 새롭게 바꿔 변화되는 현실에 빨리 적응해야 한다. 그렇지 않고 과거를 고집하거나 변화하지 않는 것은 극기력을 약화시키는 요인이 된다. 가장 이상적인 경우는 현실을 인정하고 주어진 변화를 수용해서 빨리 변화의 궤도에 진입하는 것이다. 그렇지 않고 변화하는 혁신의 세력에 대항하게 되면 그 세력에 의해서 떠밀리게 된다. 특히 대세가 변화나 혁신에 있다면 빨리 기득권을 내려놓고 그 흐름에 따라야 한다. 이왕 하는 혁신이라고 생각하고 준비의 준비를 거듭해야 한다. 그렇지 않고 대세를 거스르거나 흐름에 역행하는 생각을 갖는다면 현재 처한 환경에서 살아남을 수 없다. 한마디로 변화무쌍한 현실에 즉시 적응하는 카멜레온이 되어야 한다. 변화에 민감해야 하고 변화에 유연하게 적응해야 살아남을 수 있다.

변화나 혁신이 됐다는 것은 장기판에서 바둑판으로 바뀐 경우와 같다. 그런 경우에는 빨리 장기를 버리고 바둑을 두어야 한다. 그런데 많은 사람들이 기존의 기득권을 내려놓지 않기 위해 장기판에서 바둑을 두는 시늉을 하거나 바둑판에서 장기를 두는 것처럼 어리석은 행동을 한다. 마치 변화하고 혁신을 하라고 하면 혁신하고 변화하는 것처럼 연극하는 것이다. 그러면서 그러한 혁신의 물결이 어느 시점에 약해지기를 기다리는 경우가 많다. 그렇게 되면 다가오는 새로운 미래를 장담할 수 없으며 새로운 시대에 새로운 사명을 가진 사람이 될 수 없다. 결국 기존에 가졌던 기득권도 빼앗기게 되고 새로운 혁신의 물결에 호응하지 못함으로써 새로운 물결에 썰물처럼 빠져나가는 상황에 이르게 된다. 즉 기존의 세력을 계속해서 유지하려고 하다가는 결국 새로운 세력에 의해서 내몰림을 당하거나 자기 존재 자체가 사라지는 상황에 처하게 된다. 그러므로 자기가 처한 현실에서 변화의 조짐이 보이면 그 변화에 대응하는 전략을 수립하고 변화를 선도하는 대열에 합류해야 한다. 그것이 자신의 힘을 계속 유지하는 길이다. 아울러 자기가 미처 변화에 대응할 수 있는 여력을 기르지 못했다면 반발하거나 대항하지 말고 사태의 흐름을 예의 주시해야 한다. 그래서 자기가 해야 하는 일의 속성을 잘 잡아서 어느 순간에 기회를 틈타 그 혁신의 흐름에 적극 몸을 실어야 한다. 그래야 주어진 현실에서 살아남을 수 있고 자기의 삶을 자기가 주도적으로 이끌 수 있다.

　자기가 주도적으로 새로운 변화를 추구하기 위해서는 변화와 혁신의 세력에 의해 자기의 기득권이 침해되지 않도록 잘 관리해야 한다. 자기가 처한 현실을 자기가 직시해야 하고 기득권을 빨리 손에서 놓아야 한다. 그래야 자기가 힘을 유지할 수 있다. 아울러 자기가 현재 하고 있는 일의 시점을 잘 잡아서 나아가야 한다. 그래야 새로운 시대에 자기의 세력을 그나마 유지할 수 있고 그 기존의 씨앗을 가지고 새로운 환경에서 살아남을 수 있다. 그러므로 기존의 기득권을 유지하려고 애써 노력하지 말아야 한다. 기득권을 언제든 내려놓을 수 있는 유연한 마음을 가져야 한다. 자기가 현재 가지고 있는 기득권을 계속 유지하려고 하는 것은 앞서 말한 바와 같이 장기판에서 바둑을 두는 우를 범하는 것과 같다. 그러므로 그냥 인정하고 새로운 것을 받아들일 준비를 해야 한다.

　자기를 유지하고 자기를 잘 지키는 길은 새로운 환경에 빨리 적응하는 것이다. 그 과정에서 비롯되는 적응력이 극기력이다. 그렇지 않고 새로운 시대에 적응하지 못하고 그 힘에 대항하여 자기를 유지하고 지키려는 것은 진정한 극기력이 아니다. 시대가 원하는데 그것을 부정하고 자기가 원하는 세상을 만들려고 하는 것은 결국 자기 극기력을 악화시키는 요인이 된다.

… 자기 마음대로 후퇴하지 말라 …

주인과 하인의 시간관념은 서로 다르다. 같은 일을 해도 주인과 하인의 일의 때는 다르다. 주인이 하는 일의 때는 끝이 없다. 알면 알수록 모르는 것이 많아진다는 말이 있듯 어떻게 일이 진행되고 어디까지 해야 만족할 만한 정도인가를 아는 것이 중요하다. 주인의 시각에서 보는 마침의 때와 하인의 시각에서 보는 마침의 때는 서로 다르다.

직장에서 일을 언제 마칠 때인가를 생각하는 것은 우매한 짓이다. 직장에서 일을 마칠 때는 없다. 그러므로 직장 일은 회사 경영이 지속되는 한 계속해야 한다는 생각으로 임해야 한다. 그런 생각을 갖고 있는 사람이 경영자다. 주임은 주임대로 과장은 과장대로 부장은 부장대로 자기가 처한 위치와 역할과 책임에 따라 그에 따른 일의 때를 다르게 해석한다. 중요한 것은 누가 그 일에 주인 의식을 가지고 있는가다.

주인의 눈과 하인의 눈은 일의 마침과 시작 시간이 현저하게 다르다. 주인의 눈에 마침의 때가 아니면 그것은 마친 것이 아니다. 하인의 눈으로는 결코 그것을 이해할 수 없다. 주인과 하인이 보는 때의 눈이 다르기 때문이다. 그러므로 주인의 입장에서는 하인의 입장을 이해해야 하고, 하인의 입장에서는 주인의 입장을 이해해야 한다. 즉 하인은 주인의 입장을 생각해서 주인의 시각으로 일하고 주인은 하인의 입장을 헤아려서 하인들이 즐겁게 퇴근할 수 있도록 해야 한다. 또 하인의 입장에서는 주인의 입장을 헤아려서 위급한 상황이 발생한 경우에는 퇴근을 생각하지 말고 그 일이 원만하게 돌아가는 상황에 이르기까지 일해야 한다.

직장에서 상사는 퇴근 시간이 넘어도 그 일이 안정될 때까지 해야 한다고 생각하고 직원은 퇴근 시간 이후는 개인의 시간이기에 정당하게 퇴근할 수 있다고 생각한다. 그래서 직장인들 대부분은 자신들의 일과 외 시간을 활용하려면 자신들이 시간외 수당을 받아야 한다고 생각한다. 그렇다. 주인과 하인, 경영자와 직원, 리더와 팔로우의 구별은 어렵고 힘든 상황에서 차이를 보인다. 자기가 손해를 보더라도 사익보다 공익을 먼저 생각하는 사람이 주인이고 경영자이며 리더다. 또 책임과 역할을 가진 사람의 때는 그 책임의 무게에 비례한다. 책임이 없으면 때도 짧고 책임의 무게가 길면 시간도 길다.

일을 잘하는 사람은 언제 일이 끝날지를 알고 일한다. 언제까지 해야 일이 끝나고 어느 정도의 시간과 열정을 쏟아부어야 일이 마친다는 것을 안다. 주인이 아니어도 그 정도 일의 시작과 끝을 예측할 수 있는 내공을 길러야 한다. 그래야 힘들지 않게 일할 수 있다. 끝을 알고 일하면 그 끝이 언제일 거라는 것을 알기에 힘을 안배할 수 있고, 시간을 적정하게 활용할 수 있다. 일의 시작을 알고 끝을 아는 사람이 전문가다. 전문가이기 때문에 그 일이 어떻게 전개되고 어떻게 진행될 것이라는 것을 안다. 그런 앎이 있어야 시작과 끝을 정할 수 있다.

9.

뒤로 물러나
실리를 챙거라

⋮

　난세에 영웅이 난다는 말이 있다. 하지만 난세에는 그냥 조용히 지내는 것이 좋다. 어렵고 힘든 상황이고 무질서가 난무한 상황에서는 나서지 않는 것이 좋다. 나설 것인가 아니면 나서지 않을 것인가의 문제가 아니다. 시끄러운 세상에서는 잠시 몸을 숨이면서 생활하는 것이 좋다. 태풍이 불고 있는 악천후에 무리해서 비행기를 이륙시키면 사고가 날 확률이 높다. 그러므로 난세에는 영웅이 되려고 함부로 나서지 말고 그대로 숨을 죽이고 있는 것이 좋다. 나서지 말아야 할 때 나서지 않으려고 자기를 억제하는 힘이 극기력이다. 난세에는 숨어서 태풍이 지나갈 때까지 기다리는 것이 최고다. 그러면서 힘을 비축해야 한다. 태풍이 지나가면 다시금 활기차게 활동하기 위한 힘을 비축하는 기회로 삼아야 한다. 아울러 은둔하고 침묵하되 주변 돌아가는 상황을 잘 인지해야 한다. 과연 자기가 향후 어떤 전략을 펼쳐야 하는지 혹은 향후에 어떻게 해야 살아남을지에 대한 전략을 세워야 한다.

은둔하여 숨어 지낼 수 없다면 난세에 나아가 싸우되 결코 중심에 있으려고 하지 말아야 한다. 아울러 이익을 취해야 하는 경우에는 다른 사람들이 이익을 취하도록 하고 자기는 명분을 취해야 한다. 난세를 평정하는 과정에서 사익을 챙기기 위해 활동한다는 이미지를 주면 명분을 잃게 된다. 명분을 잃으면 차후에 다른 일을 하려고 해도 다른 사람의 도움을 받기 어렵다. 사익을 위해 일하는 사람 혹은 명분이 없는 사람의 말에는 쉽사리 호응하지 않기 때문이다. 그러므로 자기는 명분을 취하되 다른 사람들이 이익을 취하도록 해야 한다. 마치 조조가 이익을 우선시하면서도 명분으로 자기의 의도를 숨겼던 것처럼 명분을 앞세워 이익을 숨기는 삶의 자세가 지혜로운 삶의 처세라고 할 수 있다.

그것이 자기를 유지하는 길이고, 그것이 자기를 극기하게 하는 힘이다. 자기가 아무리 강한 극기력을 지녔다고 해도 대세에 맞설 수는 없다. 대세의 흐름을 막지 말고 그 흐름에 편승해서 자기의 극기력을 키우는 것이 현명하다.

… 자기의 패를 숨겨라 …

사람들은 너무도 영악하고 영민해서 자기에게 조금이라도 이익이 없으면 움직이지 않는다. 또 먹고 먹히는 경쟁 속에서 선의의 경쟁을 하고 있다. 그러한 상황에서는 포커페이스를 해야 한다. 특히 조직 생활을 하면서는 자기 패를 상대에게 다 내보이지 말아야 한다. 자기가 가진 패를 다 보여 주면 결정적인 순간에 역공을 당할 우 있다. 그러므로 조직에서 오래도록 살아남기 위해서는 자기의 진면목을 숨겨야 한다.

··· 강 건너 불구경하듯 하라 ···

극기력을 향상시키기 위해서는 마치 강 건너 불구경하듯 자기가 하는 일을 자기 일이 아닌 것처럼 해야 한다. 그냥 자가 하는 일이 남의 일이고 자신과는 전혀 상관없는 일이라고 생각하는 것이 좋다. 그래야 그 일에 흥미를 느끼지 못해도 적정하게 자기만의 여유로운 시간을 즐길 수 있다.

자기가 하는 일이 아니라 남의 일이라고 생각하는 것은 때로는 새로운 관점에서 새로운 아이디어를 얻을 수 있는 기회가 되기도 한다. 그렇지 않고 일에 너무 집착하면 그 일에 집착한 나머지 다른 일을 보지 못한다. 그러므로 때로는 일과 거리를 두어야 한다. 그래서 적당한 거리에서 일을 바라봐야 한다.

장기를 두다 보면 훈수를 두는 사람이 수를 잘 읽는다. 그렇다. 마치 장기에서 훈수를 두는 것처럼 일해야 한다. 그런데 많은 직장인들이 자기에게 주어진 일을 자기 일이라는 아집을 가지고 일에 집착

한다. 또 그 일에 중독되어 자기 계발을 등한시하는 경우도 있다. 하지만 그것은 장기적으로 볼 때 개인의 극기력 향상에 전혀 도움이 되지 않는다. 즉 회사 일을 하더라도 적당하게 해야 한다. 나중에 회사로부터 토사구팽 당하는 순간이 오면 그로 인해 결국 낭패를 당하는 사람은 자기 자신임을 알아야 한다.

10.

물러나 있어야
소중함을 안다

:

　없어 봐야 안다. 있을 때는 잘 모른다. 그러므로 가끔은 자기의 빈 자리를 느끼도록 자리를 비우는 것이 좋다. 때로는 자기 자리를 비우는 것이 자기의 권위를 확보하는 데 도움이 된다. 또 자기 일을 함에 있어서 일이 지겹거나 재미를 느끼지 못한다면 가끔은 일에서 떠나 있는 것도 좋다. 또 직장의 소중함을 모른다면 장기간 휴가를 내서 직장을 떠나 보는 것도 좋다. 그러면 일을 할 수 있는 직장이 있는 것이 얼마나 좋고 자기가 하는 일이 얼마나 소중한지를 새삼스럽게 알게 된다.

　또 일이 정말로 하기 싫을 때는 그 일에서 벗어나려고 하지 말고 일단은 그 일에서 잠시 떠나 있어야 한다. 그래서 그 일이 주는 소중한 의미를 재삼 발견해야 하고 그 일을 통해서 자기가 무엇을 얻을 수 있으며 자기가 어떤 성장을 거듭하고 있는 지에 대한 해답을 찾아야 한다. 그러다 보면 그간에 보이지 않았던 일의 본질을 보게 되고 자기와 일이 상호 어떤 관계인지를 알게 된다.

공기가 없어 봐야 공기의 소중함을 알게 되고 차가 없어 봐야 차를 운전하면서 사는 것이 얼마나 편리한지 알게 된다. 무엇이든 없어 봐야 그 소중함을 안다. 귀하고 귀할수록 더 그러하다.

그렇다고 여건이 되지 않는데 억지로 일을 떠날 필요는 없다. 일을 버리거나 떠나지 않고 자기 스스로 일에서 떠났다고 상상하면서 일을 하면 된다. 또 만약의 경우 내가 이 일을 하지 않으면 어떤 일을 할 수 있는가를 상상해 보는 것도 좋다. 또 만약의 경우 지금이라도 내가 이 일을 그만둔다면 다른 일을 하면서 먹고 살 수 있는가를 생각하면 아마도 일의 소중함을 깊이 알게 될 것이다.

자기 일의 소중함은 자기가 스스로 찾아야 한다. 일이 귀하고 소중하다고 생각하는 사람은 그 일에 애착이 강하다. 그래서 그 일에 정성을 다하고 일을 함에 있어서 흥미를 잃지 않는다. 자기의 일이 소중하다고 생각해야 그 일에 대한 애정이 생기고 그 애정으로 인해 일에 대한 극기력이 생긴다.

11.

물러나
희생하고 봉사하라

⋮

　자기가 어렵고 힘들어도 타인을 향한 희생과 봉사를 멈추지 말아야 한다. 다른 사람이 자기로 인해 행복감을 느낀다고 생각하면 자기를 이기는 힘이 생기기 때문이다. 간혹 자기 일은 등한시하면서 남의 일에 헌신적으로 일하는 사람도 있다. 또 자신과 가정에는 신경 쓰지 않고 오로지 타인을 위한 일에 혼신의 노력을 아끼지 않은 사람도 있다. 그런 사람이 희생과 봉사 정신이 투철한 사람이다.

　남을 위해서 희생하고 봉사하는 사람은 자기를 이기는 힘이 큰 사람이다. 희생과 헌신의 마음, 그리고 타인에게 봉사하는 마음은 좋은 마음이다. 왜냐하면 다른 사람에게 선한 영향력을 주는 사람은 그 영향력으로 인해 긍정의 기운이 샘솟고 자기 마음을 선하게 변화시키기 때문이다.

··· 백의종군하라 ···

상황이 바뀌면 빨리 자기의 현실을 직시해서 현재 상황에 맞게 생
활해야 한다. 군에 있을 때는 군인처럼 생활해야 하고 민간인이면
민간인답게 생활해야 한다. 특히 권력을 가진 사람이나 힘을 가진
사람이 그 권력을 잃어버리거나 권세가 없어진 경우에는 주어진 현
실에 맞게 살아야 한다. 주어진 현실을 부정하며 과거의 영광에 사
로잡혀 과거의 직위와 권력을 가진 사람처럼 생활하지 말아야 한다.
  이순신 장군이 백의종군했던 것과 같이 과거의 영광은 깨끗이 잊
고 생활해야 한다. 즉 과거의 권력을 내려놓아야 한다. 과거에서 벗
어나야 한다. 그것이 사는 길이다. 생각의 힘이 과거에 쏠려 있으면
현재에 제대로 힘을 발휘할 수 없다. 그러므로 과거를 잊고 자기에
게 주어진 현실에 최선을 다해야 한다.

12.

뒤로 물러나
적정하게 긴장하라

:

긴장하는 것은 스트레스의 근원이 된다고 하지만 너무 긴장을 늦춰도 건강에 좋지 않다. 가장 좋은 상태는 너무 느슨하지도 않고 팽팽하지도 않는 상태다. 즉 적당하게 긴장해야 한다. 너무 긴장하면 다른 것을 생각할 여유가 없다. 이로 인하여 마음이 급해지고 조그마한 자극에도 민감한 반응을 보인다. 그러므로 적정하게 긴장해야 한다.

긴장을 너무 늦추면 극기력이 저하된다. 극기력은 깨어 있는 의식이다. 늘 깨어 있어야 한다. 자기가 깨어 있어야 그로 인해서 극기력이 향상된다. 여기서 깨어 있다는 것은 어느 정도 긴장하고 있다는 것을 의미한다.

긴장도 강한 긴장이 있고 약한 긴장이 있다. 또 백 미터 출발 선상에 서 있는 것과 같은 설레는 긴장, 어두운 밤에 공동묘지를 지나는 것과 같은 두려운 긴장, 상을 받을 때의 기쁜 긴장, 청중 앞에서 강의를 할 때의 떨리는 긴장 등 긴장에도 종류가 많다.

　가장 좋은 긴장은 그 상황에 맞는 '적정한 긴장'이며 자기 일을 하면서도 남의 일을 하는 것과 같은 여유 만만한 긴장이다.

　긴장하고 있어야 실력이 는다. 긴장이 없다는 것은 자만하고 있다는 것을 의미한다. 그래서 자기 발전을 위해 일하는 사람은 적정하게 긴장한다. 모르는 것이 많아 배워야 하는 것이 많다고 생각하기 때문이다. 자기가 모든 것을 알고 있고 자기가 제일이라고 생각하는 사람은 긴장하지 않고 자만한다.

　대부분의 사건 사고는 긴장을 놓아서 발생한다. 긴장하지 않는 상태는 만취 상태에 견줄 수 있다. 또 너무 긴장하는 것은 와이셔츠에 넥타이를 하고 일상생활을 하는 것에 견줄 수 있다. 너무 긴장하면 당사자도 불편하고 보는 사람도 불편하다.

　극기력에 도움이 되는 가장 좋은 긴장은 자기가 처한 상황에 걸맞은 긴장이다. 그래야 상황에 필요한 극기력이 생기고 극기력이 무분별하게 방전되는 것을 예방할 수 있다. 자기가 하는 일에 대해서 방만하거나 긴장감을 너무 놓아 버려도 좋지 않다. 그래서 회사에서 일을 할 때는 그 일을 하는 것에 버금가는 정도의 긴장을 해야 하고, 퇴근해서 집에 있을 때는 그 긴장했던 마음을 풀어 주어야 한다. 그러한 행위가 극기력을 향상시키는 단초가 된다.

··· 기회가 오기를 기다려라 ···

　기다리면 분명히 좋은 날이 올 거라고 생각해야 한다. 당장은 어렵고 힘들지만 참고 노력하면 머잖아 좋은 기회가 올 거라고 생각해야 한다. 아울러 아픈 과거를 생각하면서 피나게 노력해야 한다. 그냥 기다리는 것이 아니라 준비하면서 기다려야 한다. 기다림의 과정에서 제일 중요한 것은 반드시 자신을 영웅으로 만들어 줄 시기가 도래한다고 생각하는 것이다. 자기가 힘들고 어려워도 시기가 도래하면 반드시 그때가 온다고 생각해야 한다. 그냥 단순히 막연하게 그때가 오겠지 라는 생각이 아니라 간절히 생각해야 한다. 그래야 기다리는 과정에서 더욱 힘을 내서 준비하게 된다. 그렇지 않고 막연하게 기다리는 생활을 하면 자기도 모르게 타성에 젖어 특별한 노력을 하지 않게 된다. 그러므로 반드시 쥐구멍에도 해 뜰 날이 있을 것이라는 기대감을 가지고 억척스럽게 일하면서 때를 기다려야 한다. 그러면 그 기다림의 시간은 기다림의 시간이 아니라 때를 준비하는 시간이 된다. 사실 막연한 기다림처럼 지겨운 것은 없다. 기약 없는 기다림은 힘들다. 기다리다 지쳐 망부석이 되어 버리는 경우도 있다. 막연한 기다림은 그야말로 처절한 고통이 아닐 수 없다.

　기다림 중 가장 힘든 기다림은 기다림 자체가 고통이 되는 기다림이다. 검찰 출두를 해야 하는 상황, 혹은 징계를 받아야 하는 상황에서의 기다림은 아픔과 고통의 기다림이 아닐 수 없다. 그러므로 이왕 하는 기다림이라면 기다림 자체를 잊어버리는 기다림을 해야 한다.

일례로 두 사람이 3일 후에 저승사자와 만날 약속을 정했다. 그 중 한 사람은 약속한 날까지 두려움에 떨다가 저승사자가 오기 전에 스스로 목숨을 끊었다. 하지만 다른 한 사람은 저승사자가 오는 3일 안에 그간에 못했던 것을 죽기 전에 해야 한다면서 잠을 자지 않고 일에 열정을 다했다. 그러다 보니 저승사자와의 약속을 잊어버린 것이다. 결국 저승사자를 만나지 못해 오래도록 살게 됐다.

이와 마찬가지로 어렵고 힘든 상황에 처하면 아예 그 기다림의 상황을 잊어버리고 온전히 자기가 하고자 하는 일에 전념하는 것이 이득이다. '피할 수 없다면 즐기라'는 말이 있는데 기다리는 시간에 자기가 하고자 하는 일을 찾아서 온전히 몰입해야 한다. '감옥으로부터의 사색'의 신영복 작가도 감옥에 있는 시간을 활용하여 책을 썼듯이 자기 역시도 온전히 자기에게 주어진 일을 하면서 기다림의 시간을 기다리는 시간이 아닌 성장의 시간으로 보내야 한다. 아예 기다린다는 생각을 버리고 온전히 내공을 쌓는 데 주력해야 한다. 그러다 보면 기회라는 것은 반드시 오게 되어 있다.

'하늘은 스스로 돕는 자를 돕는다'는 말이 있듯 열심히 노력하는 사람에게는 반드시 그때에 이르러 좋은 일이 생기게 마련이다. 반드시 때는 온다는 생각을 하면서 이를 악물고 준비의 준비를 거듭해야 한다.

봄이 가면 여름이 오고 여름이 가면 가을이 오고 가을이 가면 겨울이 오기 마련이다. 또 비가 오는 날이 있고 맑은 날이 있으며 눈이 오는 날이 있고 번개가 치는 날이 있다는 사실을 받아들여야 한다. 자기가 비를 좋아한다고 해서 비만 내리기를 원하는 것은 몽니다. 자기가 비가 오지 않는 날은 비가 오지 않는 날이라고 순순히 받아들이고 그날이 지나면 반드시 비가 오는 날이 있을 것이라는 생각으로 우산을 준비해야 한다. 그래서 비가 오는 날에 자신이 계획했던 일을 속전속결로 처리해야 한다. 그러한 삶을 사는 사람은 극기력이 뛰어난 사람이다.

요직에 있다가 한직으로 밀려난 경우에 더 이상은 자기에게는 기회가 오지 않을 것이라는 생각으로 가만히 있으면 맥이 빠지게 된다. 그러지 말고 뽕나무 밭이 바다가 되는 상전벽해의 세상이 분명히 올 거라고 생각해야 한다. 자기에게도 분명히 그런 기회가 올 거라는 확신을 가져야 한다. 역사는 돌고 돈다. 유행이 돌고 돌듯 역사도 일정한 패턴에 의해 반복된다. 그러므로 치열하게 준비하면서 때를 기다려야 한다. 언젠가 때가 되면 자기 세상이 도래할 것이라는 생각을 가지고 악착같이 준비해야 한다. 그래야 성장한다. 설령 자기가 원하는 때가 오지 않으면 자기가 원하는 그때를 스스로 만들어야 한다. 자기 스스로 자기가 원하는 조건을 만들고 자기 스스로 자기가 원하는 환경을 만들어야 한다.

일례로 요직에서 한직으로 밀려났다면 언젠가는 다시금 요직에 복직된다고 생각하면서 준비해야 한다. 그러면 언젠가 자기가 복직되는 시기가 올 것이다. 그런데도 복직되지 않으면 보직을 변경해서 자기 스스로 다른 자리를 찾기 위해 뛰어야 한다. 또 극단적인 경우에는 그곳에서 나와서 자기가 하고 싶은 일을 하면 된다. 그래서 자기 영역을 스스로 개척해 나아가야 한다.

결국 기다릴 때 자기가 취해야 하는 길은 크게 두 가지다. 그 길을 향해서 계속 갈 것인지 혹은 어느 시점에 지금의 열차에서 내려서 다른 열차로 갈아탈 것인지를 선택해야 한다.

정년이 60세로 연장이 되었다고는 하지만 그래도 어찌되었든 시기가 되면 직장에서 발을 빼야 하는 상황이 온다. 시기가 지나면 회사를 나와야 하는 상황이 온다. 그런 상황에 대비해서 미리 준비해야 한다. 회사에서 토사구팽에 준하는 배신을 당해 본 사람은 누가 뭐래도 와신상담 노력한다. 말하지 않아도 편하게 지내면 언제든지 야수들에게 잡아먹힌다는 사실을 몸소 체험했고 자기에게 힘이 없으면 다른 사람에게 핍박받는다는 사실을 알기 때문이다. 그래서 힘들고 어려워도 참고 견디면서 그 기다림의 시간을 분골쇄신의 기회로 삼는다. 그런 기다림의 시간을 가져야 한다. 그래야 극기력이 강화된다. 그러면서 희망을 잃지 말아야 한다. 자기는 분명히 좋은 일이 있을 것이라는 생각, 자기에게 분명히 좋은 일이 생길 것이라는 확신을 가져야 한다. 또 자기에게 하늘은 행운을 줄 것이라는 기대감을 가져야 한다. 그러한 긍정적인 마음을 가지고 준비의 준비를 거듭해야 한다. 그러면 반드시 때가 오게 되어 있다. 우주는 간절히 원하고 행동하는 사람에게 반드시 축복을 내리기 때문이다.

… 주변 상황 보면서 눈치껏 하라 …

무작정 열정적으로 일을 한다고 해서 잘하는 것이 아니다. 혼자서 하는 경우는 몰라도 함께하는 경우라면 더욱 그러하다. 단체로 일을 할 때는 함께 일하는 사람과 어느 정도 보조를 맞춰야 한다. 그렇지 않고 다른 사람보다 너무 앞서가면 다른 사람들의 시기와 질투로 인해서 심리적인 피로도가 급격히 올라간다. 아무리 남의 눈을 신경 쓰지 않는다고 말해도 상대적으로 다른 사람에게 시기와 질투를 받는 상황에 이르면 주변 사람들의 따가운 시선으로 인해 스트레스를 겪게 된다. 그러므로 항상 주변 상황을 보면서 자기 삶의 속도를 조절해야 한다. 그래야 다른 조직원으로부터 따돌림을 당하지 않는다.

사람들은 자기보다 더 잘하는 사람을 칭찬하고 그런 사람을 본받으려고 하기보다는 어떡하든 약점을 잡아서 그 사람을 흔들려고 한다. 특히 자신과 경쟁하는 사람이 승승장구하면 권모술수로 그 사람을 벼랑 끝으로 내몰려고 한다. 그러므로 단체 생활을 할 때는 남보다 적당하게 앞서가야 한다. 자기가 좋아하고 잘하는 일이라고 해도 어리석은 척해야 한다. 남보다 빨리 성장해서 좋을 것은 없다. 특히 선배들이 있는 경우에는 그들에게 쉬운 일을 양보하고 자기는 일부러 힘든 일을 해야 한다. 그러면서 훗날을 기약해야 한다.

또 앞서 가고 싶은 마음이 있어도 자기가 나서야 하는 타이밍이 아니면 나서지 말아야 한다. 아울러 자기가 선두에 서는 것이 시대적인 흐름에 맞는다는 느낌이 드는 객관적인 순간이 올 때까지 참고 기다려야 한다. 때를 기다리면서 남이 보기에는 결코 앞서가지 않고 무리들과 동등한 속도로 공감하면서 생활하고 있다는 뉘앙스를 풍겨야 한다. 그러면서도 개인적으로는 치열하게 살아야 한다. 그것이 조직에서 살아남는 생존 방법이다.

무턱대고 남보다 앞서가는 것이 능사가 아니다. 특히 자기의 힘이 강하면 강할수록 더욱더 속내를 감춰야 한다. 아울러 모난 돌이 정을 맞아도 깨지지 않을 정도의 힘을 기를 때까지는 난득호도(難得糊塗)의 지혜로 살아야 한다. 그렇지 않고 자기가 자기 자랑을 일삼거나 자기가 잘한 것을 남에게 보여 주기 위한 일환으로 자랑하면 다른 사람의 시기와 질투가 증폭되어 극기력이 와장창 무너지는 상황에 이르게 될 것이다.

··· 좋은 과거는 약이다 ···

운동선수들이 한창 잘하다가 슬럼프에 빠질 때 가장 먼저 하는 것은 과거의 좋았던 장면을 계속 보는 것이다. 자기가 잘나가던 시절의 영상을 보면서 자기의 과거 속에서 현재 자기가 어떻게 해야 하는지에 대한 해답을 찾는다. 과거의 좋았던 시절을 생각하면서 과거의 잠재력을 일깨우는 것이다. 과거의 영광을 그런 용도로 활용해야 한다. 과거의 영광은 악조건에서 자기를 단련하는 용도로 써야 한다. 자기의 욕망을 채우고 자기가 하고자 하는 욕구를 채우는 추억의 영광이 아니라 미래로 나아가는 여정에 장애가 되는 것을 제거하는 용도로 활용해야 한다. 현재의 어려운 상황의 바다를 헤쳐 나가기 위한 구명보트로 활용하는 것이다. 그래야 과거의 영광이 자기의 생활에 도움이 된다.

또 과거의 영광은 과거의 영광일 뿐이라는 생각으로 과거를 그냥 방치하기보다 과거에 화려했던 순간을 다시금 만끽하기 위해 자기가 어떻게 해야 할 것인지를 항상 생각해야 한다. 특히 현재 나락에 빠져 있다면 과거의 영광을 다시금 분발하게 하는 채찍으로 활용해야 한다. 아울러 과거의 영광을 반드시 재현하겠다고 이를 악물어야 한다. 그래야 성공한다.

13.

물러나 피와
눈물과 땀을 흘려라

:

성공하기 위해 필요한 3가지 액체가 있다면 피와 눈물과 땀이다. 사람이 성공을 하기 위해서는 최소한 이 3가지 액체 중 한 가지는 흘려야 한다. 이 중에서 가장 좋은 액체는 땀이다. 눈물과 피를 흘리기보다는 열정적인 땀을 흘려서 일군 성공이 가장 좋은 성공이다. 이에 더하여 비애의 눈물을 흘려 보면 그로 인하여 정신적인 무장을 하게 되고 그 정신에 의해 극기력이 강화된다.

비 온 뒤에 땅이 더 굳어지게 마련이다. 가장 좋은 것은 가능한 고통을 겪지 않고 원만하고 원활하게 그 자리에 안착하는 것이다. 하지만 그렇게 원만하고 안정되게 정상에 오르면 정상에 있는 시간이 짧을 수밖에 없다. 불로소득으로 쉽게 얻은 돈은 쉽게 쓰는 것처럼 쉽게 얻어진 것은 쉽게 잃는다. 그러므로 쉽게 얻으려고 하지 말고 일이 생각보다 잘되거나 예기치 않은 행운이 뒤따른다고 해도 취해야 하는 것은 취하고 버려야 하는 것은 과감하게 버려야 한다.

이익이 되어도 자기 극기력을 저하시키는 요인이라고 생각하면 취하지 말아야 한다. 피와 눈물과 땀을 흘려 보지 않고 순탄하게 쌓아진 극기는 위기 상황에 쉽게 무너진다. 하지만 피와 눈물과 땀을 흘려 가면서 쌓은 극기는 위기 상황에 더욱 빛을 발휘한다. 마치 내진 설계가 된 건물이 어지간한 지진에 무너지지 않는 것과 마찬가지로 고통과 아픔을 많이 겪으면 겪을수록 극기력이 더 강해지는 것이다. 그러므로 사소한 것을 얻을 때에도 피와 눈물과 땀을 흘릴 정도로 정성을 다해야 한다.

쉽게 얻어지는 것, 예상외로 행운이 뒤따르는 것, 너무도 원만하게 얻어지는 것은 언제든 쉽게 무너지게 마련이다. 그러므로 그러한 것이 쉽게 무너지지 않게 하는 환경을 조성하거나 주변 환경에 일비일희하지 않도록 자기의 힘을 단련해야 한다. 그런 힘은 쉽게 무너지지 않는다. 쉽게 무너지지 않는 힘, 오래가는 힘, 버티는 힘, 계속하는 힘, 근성이 있는 힘 등 끈기와 집념이 있는 그런 극기력이 참된 극기력이다.

14.

물러나 있어도
희망을 가져라

:

힘든 상황에서 쉽게 무너지지 않기 위해서는 자기 마음 안에 극기력을 길러 주는 자양분이 있어야 한다. 그것이 많으면 많을수록 상황에 따라 쓸 수 있는 카드가 많아진다. 우선적으로 지녀야 하는 자양분은 희망이다. 마음 안에 희망이 있어야 한다. 그래야 자기가 어려운 상황을 벗어나기 위해 참고 견디는 힘이 생긴다. 고통스러운 상황에서도 희망을 생각하면 고통을 감내할 수 있고 끝이 보이지 않은 망막한 상황에서도 희망이 있으면 견뎌 낼 수 있다. 또 포기하고 싶은 생각이 있어도 희망이 있으면 쉽게 포기하지 않는다. 그 희망은 간절할수록 효과가 크다.

또 손에 잡힐 것 같은 가능성이라는 자양분을 가지고 있어야 한다. 단순히 막연한 희망은 알짜 희망이 아니다. 알짜 희망은 살아 숨 쉬는 희망이다. 희망의 그날을 생생하게 상상하고 있어야 삶에 생동감이 생긴다. 또 현실과 희망이 상호 소통해야 한다. 현실과 희망이 따로 노는 사람은 극기력이 약할 수밖에 없다. 희망의 기어와 현실의 기어가 상호 맞물려 있어야 한다. 그래야 희망으로 인해서 극기력이 강화된다.

희망과 함께 겸비해야 하는 자양분은 '기대감'이다. 희망을 꿈꾸며 생활해도 그 희망에 기대감이 없다면 간절함이 생기지 않는다. 기대감을 가지고 있어야 한다. 힘든 어깨를 기댈 수 있는 기둥이 있어야 한다. '소도 비빌 언덕이 있어야 한다'는 말이 있는데 희망에 기댈 줄 알아야 한다. 그러기 위해서는 희망에 거는 기대감을 키워야 한다.

또한 희망과 함께 고통이라는 자양분이 있어야 한다. 희망만으로는 희망의 참맛을 알지 못한다. 희망에는 고통이 뒤따라야 한다. 그래야 참된 희망을 느낄 수 있다. 어둠이 없으면 빛의 소중함을 느끼지 못하듯 희망이 희망으로써 존재하기 위해서는 고통이 수반되어야 한다.

몸이 아프고 치통으로 인해 고통스러운 상황에서도 방바닥을 떼굴떼굴 구르면서 진통제를 찾듯이 고통스러운 상황에서도 희망을 찾으려고 발버둥 쳐야 한다. 그러한 고통이 희망을 진짜 희망으로 느끼게 한다. 그래서 고통이 희망을 찾는 생활을 해야 한다는 것이다. 고통이 희망을 찾는 여정이 극기이고 고통이 희망을 만나려고 발버둥 치는 힘이 극기력이다.

더불어 고통의 상황을 견뎌 내는 것은 남을 위한 것이 아니라 자기 자신을 위한 것이라고 생각해야 한다. 아울러 그런 고통의 상황에 처한 것이 온전히 자기의 잘못으로 인해 발생한 것이라고 생각해야 한다. 남으로 인해 고통의 수렁에 빠진 것이 아니라 자업자득이라고 생각해야 한다. 순수하게 모든 것을 자기 잘못으로 인정했을 때 발전이 있다. 남 탓이라고 생각하면 자기의 문제를 온전히 해결할 수 없다. 또 남으로 인해서 그런 고통을 겪는다고 생각하면 더 많은 불평이 쌓여서 온전히 자기 컨디션을 유지할 수 없다. 모든 것을 남의 탓으로 돌리다 보면 정작 자기가 해야 하는 본연의 일을 찾을 수 없다. 그래서 결국 타인에게 의지하게 되고 모든 것을 남에게 미루게 된다. 그러므로 자기에게 발생된 모든 문제는 자기로 인해서 비롯된 것이라고 생각해야 한다.

자기 인생에 꼬인 문제는 결코 남이 풀어 줄 수 없다. 문이 안에서 잠겨 있는데 밖에서 문을 열려고 하는 것은 어리석은 짓이다. 안에서 잠긴 문은 안에서 열어야 한다. 그 문을 열려고 하는 노력이 바로 극기의 힘이다.

15.

딱
하루만 머물러라

⋮

    어렵고 힘들 때는 오늘 딱 하루만 참는다는 생각을 해야 한다. 기간을 길게 생각하면 앞이 깜깜하게 느껴지기 때문에 극기력이 약화된다. 아무리 해도 전혀 끝이 보이지 않는 상황에 처하면 막연하다. 그런 상황에서도 의연하게 극기력을 기르기 위해서는 견디는 기간을 하루씩 잘라야 한다. 일례로 3년이라는 시간을 견뎌야 하는 상황에 처했다면 3년을 생각하는 것이 아니라 오늘만 참으면 된다고 생각해야 한다. 하루가 모여 한 달이 되고 한 달이 모여 일 년이 된다. 결국에는 하루가 모여서 3년이 된다. 그러므로 3년이 길다고 생각하지 말고 그냥 오늘 하루만 잘 넘기면 된다는 생각으로 주어진 현실에 최선을 다해야 한다.

    3년간 해야 하는 일을 생각하면 너무 일이 많고 무엇을 어떻게 해야 할지 까마득하게 느껴질 것이다. 그럴 때는 정신을 바짝 차려야 한다. 길게 보지 말고 오늘 하루를 잘 보내면 그로 인해서 3년이 순탄하게 흘러갈 것이라고 생각해야 한다. 첫술에 배부를 수는 없다. 한술 한술을 먹다 보면 그것이 쌓여 배가 부르는 것이다. 마찬가지로 하루하루를 충실하게 살다 보면 그런 날들이 보여서 3년이라는 세월을 견뎌 내게 될 것이다.

아울러 하루가 촌음처럼 지나가도록 하루 동안 혼신의 힘을 다해야 한다. 그 하루가 또 다른 하루와 만나 더 알찬 하루를 보낼 수 있는 원동력이 된다. 그 힘을 계속해서 배가시켜야 한다. 그러면 애당초 3년을 목표로 잡았던 것도 1년 만에 달성하는 쾌거를 맛볼 수 있을 것이다.

··· 하루는 하루가 아니다 ···

어렵고 힘든 상황에 처하면 정말로 단 하루를 보내는 것도 참을 수 없는 고통이다. 그런 상황에 처하면 하루를 참는 것도 이렇게 힘든데 어떻게 3년을 참아야 하는지 의구심이 생긴다. 그런 생각을 하면 3년이 30년처럼 느껴진다. 하지만 극기력을 기르기 위해서는 그럼에도 불구하고 그날 하루만 참으며 3년을 견뎌 낼 수 있다고 생각해야 한다. 그래야 하루가 3년을 이겨 내는 힘을 지탱해 주는 기둥이된다.

오늘 하루는 단순히 오늘 하루가 아니다. 그 하루가 3년의 전부가 될 수 있다. 고통의 순간이 계속되는 것은 아니다. 마라톤을 하다 보면 오르막 구간이 있고 내리막 구간이 있기 마련이다. 힘들고 어려운 하루라면 그날이 오르막길을 오르고 있는 순간이라고 생각해야 한다. 힘들어도 오르막길을 오르고 나면 다음에는 내리막길이 있다고 생각해야 한다.

살다 보면 유독하게 힘든 날이 있기 마련이다. 1년 365일 계속해서 힘든 날이 아니다. 좋은 날이 있을 수 있고 싫은 날이 있을 수 있다. 그러므로 힘들고 어렵다면 그날은 오르막길을 오르고 있다고 생각해야 한다. 그러면서 그 구간을 지나 내리막길에서 휴식을 취할 거라는 생각을 해야 한다. 3년의 기간 중 힘든 날이 있고 고비를 넘겨야 하는 날이 있다. 그러므로 힘들다면 그날이 고비라고 생각해야 한다. 아울러 그 고비만을 잘 넘기면 3년을 거뜬하게 보낼 수 있다고 생각해야 한다.

오늘만 버티자. 오늘만 버티면 내일과 모레는 휴일이다. 오늘만 잘 버티면 휴일에 충분한 휴식을 취할 수 있고 컨디션을 회복한다는 생각으로 살아야 한다. 그렇다고 해서 하루살이같이 하루만을 위해서 살라는 것은 아니다. 3년을 목표로 했다면 그 하루가 3년을 버티는 데 보탬이 되는 하루가 되도록 참고 또 참으라는 것이다. 즉 하루살이 인생이 아니라 하루를 3년의 축소판으로 삼아서 최선을 다하는 하루를 살아야 한다.

달리 생각하면 하루를 무료하게 보내는 것은 3년을 무료하게 보내는 것이라고 볼 수 있다. 또 하루를 아무 생각 없이 낭비하고 무의미하게 보내는 것은 하루치 생명의 가치를 낭비하는 것과 같다. 그러므로 하루를 평생을 사는 데 도움이 되는 하루가 되도록 시간을 알뜰하게 보내야 한다. 그것은 그냥 살아지는 하루가 아니다. 그것은 3년이라는 큰 퍼즐을 만드는 하루라는 조각이다. 1095개의 퍼즐을 완성해야 3년이라는 퍼즐이 완성된다. 그렇지 않고 어느 하나라도 버려진 날이 있다면 1095개의 퍼즐은 미완성으로 남을 것이다.

··· 하루를 알차게 살기 위한 방법 ···

하루를 알차게 살기 위해서는 하루가 시작되는 아침에 무엇을 해야 하고 그날 어떤 목표를 달성할 것이라는 목적의식이 뚜렷해야 한다. 무엇을 이룰 것이라는 목표가 명확하고 그 목표를 이루는 목적이 확실하면 극기력을 배가시킬 수 있다. 또 시간을 여러 등분해서 써야 한다. 하루 24시간은 1시간씩 24등분을 하는 사람보다는 30분씩 48등분 하는 사람이 시간을 더 효율적으로 사용한다. 그러므로 시간을 세세하게 쪼개서 촌음도 허튼 시간이 되지 않도록 해야 한다. 시간은 목숨이다. 자기가 원하지 않는 곳에서 지겹게 살아도 그 지나가는 시간은 생명의 시간이다. 즐겁고 재미있게 살아도 그 시간은 소중한 생명의 시간이다. 지겹게 살든 즐겁게 살든 간에 생명의 길이는 동일하다. 그러기에 자기에게 주어진 시간을 소중하게 써야

한다. 왜냐하면 그 시간은 자기 목숨 값을 지불하고 보내는 시간이
기 때문이다.

··· 오늘이 평생이다 ···

극기력을 발휘하는 과정에서 오늘 안 했으니 내일 해야지 혹은 오
늘은 어느 정도 되었으니 나머지는 내일 해야지 라는 생각은 좋은
생각이 아니다. 오늘 할 일은 오늘 해야 한다. 또 자기가 해야 하는
일은 남에게 미루지 말고 스스로 해야 한다.

막연히 내일에 기대를 걸지 말아야 한다. 성공하는 사람들은 내
일이라는 단어보다 오늘이라는 단어를 많이 쓴다. 오늘보다 더 나
은 내일을 위해서는 오늘 일은 오늘 해야 한다. 오늘에 사용해야 할
힘은 오늘 써야 한다. 오늘 쓰도록 생성된 극기력을 내일로 연기해
서 쓰는 것은 의미가 없다. 극기는 시간이 지나면 효험이 약해지기
때문이다. 그러므로 미루지 말고 즉시 써야 한다. 자기가 현재 하고
있는 시간 속에서 무엇을 하는가에 따라서 자기의 인생이 결정된다.
그러므로 오늘 최선을 다한다는 생각을 해야 한다. 오늘 써야 하는
극기의 시간은 오늘 완전 연소시켜야 한다. 오늘 그 시간을 쓰지 않
으면 내일로 이월되는 것이 아니라 사라지기 때문이다.

오늘 내가 무엇을 하는가에 따라 나의 인생이 결정된다. 오늘이

미래다. 오늘 놀았는데 내일이 달라질 리 없다. 오늘 어느 정도의 땀을 흘렸는가에 따라 미래가 달라진다. 그러므로 오늘 내가 무슨 일을 하고 있는가를 생각해야 한다. 그래서 내가 하는 오늘이 어제와 동일한 오늘이라면 각성하고 이를 악물고 노력해야 한다. 오늘 내가 하는 행동과 열정이 모여 미래의 내 인생이 되기 때문이다. 세상에 공짜는 없다. 오늘 땀을 흘리지 않으면 내일은 눈물을 흘려야 한다. 늘 그런 생각을 하자. 그래야 극기력이 강화된다.

16.

물러나
사람을 평가하라

:

　평상시는 별로 관심을 보이지 않다가 어렵고 힘든 경우에 잘해 주는 사람이 있다. 그런 친구가 진짜 친구다. 간혹 평상시에 잘하던 사람이 힘든 상황에 처하면 꽁무니를 빼는 경우가 있다.

　일반적으로 사람들은 자기에게 아무 이득이 없을 것이라고 생각하는 일에는 관심이 없다. 자기가 희생하고 헌신해도 큰 실익이 없다고 생각하기 때문이다. 그래서 평소 친하게 지내던 사람도 상대적으로 자기가 힘이 없어지면 거리감을 두는 경우가 많다. 잘나갈 때는 말하지 않아도 잘 따르던 사람도 권세가 쇠하면 자연히 멀어진다. 그런데 힘든 상황에 처해 있음에도 불구하고 도움을 주는 사람도 있다. 그런 사람이 의리 있는 사람이다. 그러므로 어렵고 힘든 상황에 처했다면 그 시점에 누가 전과 다름없는 의리 있는 모습을 보이는지 유심히 관찰해야 한다. 그래서 나중에 다시 힘 있는 자리에 오르면 그 사람을 측근으로 써야 한다.

아울러 평소에 친하게 지내던 사람들이 하나둘씩 멀어진다면 자기가 위기 상황에 처한 때라고 생각해야 한다. 반대로 자기 주변에 갑자기 사람들이 하나둘씩 모이면 자기가 승승장구하고 있다고 생각하면 된다. 더불어 바닥을 치고 있을 때 최대한 낮춰서 사람의 본성을 아는 계기로 삼아야 한다. 그런 기회는 자주 오지 않는다. 아마도 바닥을 치면 자기와 둘도 없이 지내던 사람들이 얼마나 간사한지를 알게 될 것이다.

… 일보다 휴식이 먼저다 …

일을 마치고 휴식을 취하는 것이 바람직한가 아니면 휴식을 취하고 일을 하는 것이 바람직한가를 생각해 본다. 과연 언제 휴식을 취하는 것이 이상적인가? 일을 위한 휴식인가? 휴식을 위한 일인가?

나는 휴식을 위해 일을 하는 것이라고 생각한다. 일보다는 휴식 속에 행복이 있기 때문이다. 제아무리 일을 좋아하는 사람도 일을 행복으로 생각하지 않는다. 일을 통해서 돈을 벌고 그 소득으로 여유로운 휴식을 취할 수 있다는 점에서 일과 휴식은 떼 놓고 말할 수는 없다. 일을 열정적으로 하는 사람이 달콤한 휴식도 취할 수 있기 때문이다.

'열심히 일한 당신, 떠나라!'는 말이 있듯 일을 열심히 한 사람이 취하는 휴식은 일을 하지 않는 사람이 취하는 휴식에 비해 가치가 크다. 열정적으로 일해야 꿀맛 같은 휴식을 취할 수 있다.

그렇게 보면 휴식은 일을 통해서 얻어지는 부산물이고 일에 대한 보상으로 주어지는 보너스다. 그래서 많은 사람들이 일을 주된 개념으로 보고 휴식을 종속 개념으로 보는 경향이 많다. 그러다 보니 일을 위해서 휴식을 취한다고 생각한다. 휴식을 위해서 일을 한다고 생각하지만 막상 일을 하다 보면 그렇게 생각하지 않는다.

일을 하기 전에는 휴식을 충분히 취하는 것이 좋다. 휴식을 먼저 취하고 에너지를 충전한 연후에 일을 해야 한다. 일을 마치고 녹초가 되어 휴식을 취하기보다 충분한 휴식을 취한 연후에 일을 해야 한다. 그래야 순조롭게 일을 할 수 있다. 그런데 대부분의 많은 사람들이 일을 하기 전에 충분한 휴식을 취하려고 하기보다는 녹초가 되도록 일을 하고 나서 쉬려고 한다. 특히 직장인의 경우에는 더욱 그러하다. 휴일에 실컷 놀고 피곤한 몸으로 출근해서 호되게 일한다. 직장인들 대부분은 휴일에 충분히 휴식을 취하지 못하고 출근하는 경우가 많다. 휴일에 평소 미뤄 뒀던 일을 하느라 에너지를 다 써 버린 것이다. 그러다 보니 직장에서 일하다가 과로로 쓰러지는 사람도 있다.

이 점에 비춰 볼 때 휴식을 취하기 가장 좋은 시점은 일을 하기 전이다. 그리고 일을 마치고 나서 또 휴식을 취해야 한다. 휴식을 취하는 것도 적정하게 분배해서 취해야 한다. 중요한 것은 회복이 어려운 상황에 놓이지 않도록 평상시 컨디션을 잘 관리해야 한다는 것을 잊지 말아야 한다.

아울러 휴식을 취할 겨를 없이 바쁘게 지낸다면 자기가 뭣 때문에 바쁜지를 돌아봐야 한다. 그런데 대부분의 사람들이 바쁘다는 말을 하지 않으면 왠지 다른 사람에 비해 잘못 살고 있다는 생각을 한다. 그런 사람은 미래가 없다. 그러므로 수시로 바쁜 일손을 멈추고 자기가 올바른 방향으로 잘 가고 있는가를 돌이켜 생각해 보는 시간을 가져야 한다. 그래야 자기가 원하는 삶을 살 수 있다. 왜냐하면 바쁘다는 것은 바쁜 현실에 자기 삶을 저당 잡힌 것과 같기 때문이다. 그러므로 바쁘다면 우선적으로 멈추어 자기 삶을 먼저 돌아봐야 한다. 바쁠 필요 없다. 가만히 쉬어도 시간이 가고 빨리 달려도 시간은 간다. 그냥 여유를 가지고 천천히 간다는 생각으로 쉬엄쉬엄해도 늦은 것이 아니다.

느리게 사는 것이 장수명화에 유리하다. 거북이처럼 느리게 살자. 쥐는 분당 맥박이 평균 600회라서 2년을 살고, 코끼리는 분당 평균 20회라서 7년을 산다고 말한다. 거북이는 그보다 훨씬 적다. 그렇다 천천히 호흡만 해도 오래 산다. 그러므로 느리게 호흡하면서 살자. 서두르지 말자. 휴식을 취하면서 살자. 그것이 자기 삶을 오래도록 풍요롭게 이끄는 단초가 된다.

17.

적당히
치고 빠져라

⋮

　자기가 이익이 되는 상황이 되었다고 해도 방심하지 말아야 한다. 그런데 일이 잘 될 때에는 그 일을 계속 하고 싶은 생각이 들게 마련이다. 또 돈이 잘 벌릴 때는 계속해서 그 무드를 이어 가려고 한다. 그런데 돈이 잘 벌리다가 벌리지 않으면 잠시 쉬어야 하는데 멈추지 못하는 경우가 많다. 하지만 그런 때는 적당히 치고 빠지는 전략을 구사해야 한다.

　결국 언제 쉴 것인가의 문제는 전략적으로 접근해야 한다. 그러기 위해서는 가장 적정한 시기가 언제이고 가장 이상적인 시점이 언제인지는 알아야 한다. 또 목표가 명확해야 한다. 그래서 그 목표에 맞는 전략을 수립해야 한다. 전략을 수립할 때 가장 중요한 것은 가장 좋은 시점을 찾는 것이다. 시점이 반영되지 않는 전략은 의미 없는 전략이다. 언제까지 할 것이며, 언제 시작과 끝을 맺을 것인지, 언제 휴식을 취하고 언제 방향을 선회할 것인지에 대한 전략을 가지고 있어야 한다.

계속해서 승승장구하는 사람은 없다. 또 계속해서 맑은 날이 계속
되지도 않는다. 반드시 승승장구하다가 하강하는 시점이 오게 마련
이다. 그러한 변곡점에 이르게 되면 그 시점을 잡아서 조용히 숨을
죽이고 있어야 한다. 그러면서 동태를 잘 살펴야 한다. 그래서 어느
시점에 다시 치고 나갈 것인지를 생각하면서 새로운 전략을 수립해
야 한다.

모난 돌이 정을 맞게 되어 있다. 그러므로 적당하게 튀어야 한다.
어떤 사람은 한번 시작하면 끝장을 보려고 하는 사람이 있는데 그것
은 장기적으로 볼 때 실익이 없다. 항상 여지를 남겨 두어야 한다.

3장:

유(留)
머무름의 극기

유(留)의 극기는 머무름의 극기다. 살다 보면 나서고 싶어도 머물러야 하고, 물러나고 싶어도 어쩔 수 없이 머물러야 하는 상황이 도래하기 마련이다. 강한 태풍이 불면 몸을 납작 엎드려야 한다. 마찬가지로 자기가 불리한 경우라면 마파람에 게 눈 감추듯 자기를 숨겨야 한다. 그것이 머무름의 극기다. 이에 더하여 진정한 머무름은 미래를 위해 힘을 기르는 머무름이어야 하고, 호시탐탐 기회를 노리는 머무름이어야 한다. 감나무 아래 누워 감이 떨어지기를 기다리는 머무름이 아니라 적극적으로 기회를 포착하기 위한 정중동의 머무름이어야 한다. 간혹 수주대토의 일화에 등장하는 농부처럼 한번 이익을 얻으면 그런 이익이 계속될 것이라는 생각으로 머무르는 사람이 있는데 그것은 진정한 머무름의 극기가 아니다. 그렇다면 참된 머무름의 극기는 무엇인가? 참된 머무름의 극기는 머무르면서 나아감의 때를 기다리면서 준비하는 극기다.

1.

머물러
글을 쓰면서 단련하라

⋮

    자기를 이기기 위해서는 계속해서 자기가 자기를 자극하고 세뇌시켜야 한다. 자기의 목표를 2만 번 말하면 이뤄진다는 말이 있다. 이 말은 자신이 목표에 중독되면 그 목표를 이룰 가능성이 높다는 것을 의미한다. 사람의 두뇌는 말에 의해 변하는 가소성이 있다. 그래서 안 된다는 부정적인 언어를 많이 구사하면 부정적인 두뇌가 되고 긍정적인 언어를 많이 구사하면 긍정적인 두뇌가 된다. 또 마음에 의해 행동이 자극을 받는 것처럼 행동에 의해서도 마음이 자극받는다. 마음은 말에 의해 영향을 가장 많이 받는다. 그래서 말은 마음의 알갱이다. 긍정적인 말을 많이 하면 긍정적이 마음 상태가 되고 부정적인 말을 하면 부정적인 마음 상태가 된다. 그러므로 가능한 긍정적인 말을 많이 해야 한다. 마음이 부정적인 상태여도 말을 긍정적으로 하다 보면 긍정적인 마음이 된다. 즉 자기가 침울해도 자기가 기분 좋은 상태라고 말하면 마음 상태가 침울한 모드에서 기분 좋은 모드로 변한다.

행복해서 웃는 것이 아니라, 웃어서 행복하다는 말이 있듯 사람이 긍정적으로 말하면 긍정적인 마음 상태가 되고 그 긍정적인 마음 상태에 기인하여 긍정적인 감정이 우러나 긍정적인 행동을 하게 된다. 말 한마디로 인해 행동이 변하는 것이다.

그러므로 어렵고 힘든 상황에 처하면 "나는 할 수 있다. 하면 된다. 반드시 할 것이다."라는 말을 계속하되 그것을 글로 기록해야 한다. 그러면 효과가 배가 된다.

'기억보다 기록이 더 강하다.'는 말이 있듯 기록하면 기록하는 순간 시신경에 의해 글로 쓴 내용이 두뇌에 각인된다. 또 글을 쓰는 동안 몸에 새겨진다.

그런데 할 수 있다고 말을 하면서 수백 번을 글을 써도 막상 위기 상황에 처하면 뜻대로 잘되지 않는다. 마치 연습을 많이 했는데 실전에 나가면 실전과 연습은 다르다는 것을 느끼게 되는 것과 같다. 그러므로 군인들이 전쟁에 대비하여 훈련하듯 계속해서 자신을 말과 글로 세뇌시켜야 한다. 그리하면 자기도 모르는 사이에 어렵고 힘든 상황에서도 의연하게 도전하는 사람으로 변화될 것이다.

2.

머물러 의식을
치르면서 단련하라

:

　리츄얼(ritual)은 특정한 시간에 특정한 의식을 치르는 것을 의미한다. 특정한 일을 특정한 시간에 계속하면 자기도 모르게 태도가 달라진다. 또 태도가 달라지면 행동 양식이 달라진다. 무슨 일을 하든 어떤 태도로 하는가가 중요하다. 그래서 국가적으로 큰 행사를 할 때는 국민의례를 하는 등 의식을 치른다. 그렇게 하면 마음가짐과 행동이 달라지기 때문이다. 마찬가지로 자기의 극기력을 기르기 위해서는 매일 자기만의 특별한 의식을 치르는 것이 좋다. 그것도 매일 특정한 시간에 반복적으로 동일하게 해야 한다. 그것을 계속 반복하다 보면 몸과 마음이 그 의식에 맞게 변한다. 그래서 별다른 의식을 하지 않아도 마치 몽유병 환자가 일정한 시간에 밤길을 헤매듯 그 시간이 되면 그 의식을 치르는 것과 같은 마음 상태가 된다.

　정기적으로 반복하는 것이 일정한 횟수를 넘기면 그것이 마음과 정신에 깊이 뿌리내린다. 그런 상태가 그 의식에 준하는 사람으로 거듭난 상태다. 마치 신앙생활 하는 사람이 계속 기도를 하다 보면 신앙인다운 사람으로 거듭나듯 변하는 것이다. 그래서 사람을 변화시키는 사람들은 동일한 시간대에 동일한 조건으로 동일한 것을 반복하게 한다. 그러면 파블로프의 실험에서 알 수 있듯 사람은 자기도 모르게 학습된 무기력 상태에 빠지게 된다.

극기력을 강화하기 위해서는 이러한 원리를 잘 활용해야 한다. 즉 의식을 통해서 극기력을 강화해야 한다. 이때 자기 극기력을 강화하기 위한 일환으로 가장 많이 활용하는 것은 하루를 시작하는 아침에 특정한 의식을 치르는 것이다. 또 하루를 마무리하는 저녁에 하는 것도 좋다. 아침에는 하루를 계획하는 의식을 치르고 저녁에는 하루를 정리하는 의식을 치르는 것이다. 그렇게 함으로써 조석으로 자기 마음에 자극을 가해야 극기력이 강화된다.

… 무의식과 대결하지 마라 …

자기 안에 있는 자기를 이겨야 한다는 것은 자기의 현재 의식이 무의식과의 전쟁에서 이겨야 함을 의미한다. 즉 자기 안에 있는 자아(自我)는 그간에 자기가 직간접적으로 경험한 모든 유·무형의 지식이 모여서 만들어진다. 우리는 이것을 '무의식'이라고 말한다.

내가 무엇인가를 하려고 마음먹은 것은 의식이며 그것을 가슴으로 느껴서 행동으로 연계시키는 것은 무의식이다. 그러므로 자기가 생각한 바를 실제로 행동으로 연계시키기 위해서는 무엇보다 자기 안에 있는 무의식이 움직이게 해야 한다.

그런데 앞서 말한 바와 같이 무의식은 아주 거대한 힘을 가지고 있다. 단순히 해야 한다는 의식으로는 쉽게 움직이지 않는다. 그렇다. 무의식 한 개를 움직이기 위해서는 의식 2만 개가 필요하다. 그러기에 단순히 해낸다는 한마디 말로는 결코 무의식을 이길 수 없다. 그러므로 단번에 무의식을 움직이려고 하기보다는 계속 반복적으로 같은 곳을 공략하는 전략을 취해야 한다. 그래야 무의식이 움직이게 된다.

극기력은 무의식에서 비롯되는 습관의 힘이다. 그래서 힘들면 포기하는 사람은 살아온 삶이 그러한 습관을 가졌기에 곤란한 상황에 처하면 포기부터 생각한다. 반면에 어렵고 힘든 상황에서도 그것을 의연하게 극복하는 사람들은 역경을 극복한 경험이 무의식에 담겨 있기 때문에 습관적으로 그것을 극복하려고 한다.

자기를 이기는 것은 무의식과 전쟁하는 것에 견줄 수 있다. 자기가 행하는 악행의 대부분은 자기가 습관적으로 해 오던 것일 확률이 높다. 그러한 악행을 일시에 단절하고 새로운 습관을 가지는 것이 극기다. 하고 싶어도 하지 말아야 하는 상황에서는 참아야 하고, 하기 싫어도 해야 하는 상황에서는 해야 한다. 그런데 그러한 선택의 상황에서 무엇을 선택하느냐에 따라 행동이 달라진다. 그 선택의 권리는 의식보다 무의식의 몫이다. 무의식은 감정의 영역이고 의식은 이성의 영역이다. 이성이 감정을 이길 수 없듯 의식이 무의식을 이길 수 없다. 그러나 무의식과 감정에 양해를 구할 수는 있다. 우리가 화가 나면 일정 시간 심호흡을 하고 어느 정도 여유를 찾으면 그 감정을 이겨낼 수 있듯이 의식과 무의식이 다투면 타협하지 말고 그냥 놓아두어야 한다. 시간이 지나면 무의식이 자연적으로 시들기 때문이다.

극기를 하려는 상황에서 극기가 잘되지 않는다면 자기 무의식의 세력이 강한 때라고 봐야 한다. 그러므로 가능한 그 무의식이 조용히 있을 때 몰래 의식으로 극기를 취해야 한다.

또 무의식을 의식으로 이겨 먹으려고 하기보다는 무의식을 다른 무의식으로 대적해야 한다. 극기 차원에서 볼 때 자기를 이기는 것은 오래된 무의식을 새로운 의식으로 교체하는 것이다. 중요한 것은 새로운 의식이 오래된 무의식을 이겨 먹기 위해서는 수없이 많은 의식이 힘을 합쳐서 계속 반복적으로 공략해야 한다.

일반적으로 사람의 뇌는 반복하는 것을 제일 싫어한다. 그래서 우리의 두뇌는 계속 반복하는 것을 무의식화한다. 아울러 우리의 두뇌는 반복하는 것을 중요하다고 생각한다. 그러므로 극기하고자 하는 것을 계속 반복적으로 말하고 행하면 그것이 어느 순간 무의식에 심어지게 된다. 우리는 그러한 일련의 과정을 습관화됐다고 말한다.

3.

머물러 특별
관리해야 하는 세 가지

:

··· 술은 극기의 천적이다 ···

평상시 잘하다가 술을 마시면 객기를 부리는 사람이 있다. 평소에 사람은 좋은데 술만 마시면 이성을 잃고 객기를 부리거나 자아를 상실하는 사람이다. 그런 사람은 술로 인해 인생을 망가뜨리는 사람이다. 평소에서는 잘 지내다가 술만 마시면 그간에 벌어 놓은 돈을 한번에 다 날리고 그간에 쌓아온 공덕을 일시에 무너뜨린다. 그만큼 술은 악마와 같다. 적정하게 마시면 건강에도 좋고 사람들과 소통하는 데 좋다. 하지만 그것은 주량을 잘 조절하는 사람에 한한다. 폭주하고 자기 이성을 다스릴 수 없을 정도로 마시는 사람에게는 술은 독약이다.

역사를 보면 술로 인해 나라를 잃어버린 사람도 있다. 주색잡기에 빠져 자기의 인생뿐 아니라 한 나라의 옥새를 다른 사람에게 빼앗기는 경우도 있다. 그야말로 술은 마약 중에서도 아주 강력한 마약이다. 세상이 발달하고 과학이 발달해도 술로 인한 문제는 과거와 하등 다를 게 없다. 오히려 과거에 비해 술로 인한 문제가 더 많다.

술은 극기의 천적이다. 아무리 자기 관리를 잘한 사람도 술에 만취하여 결정적인 실수를 하면 도루묵이다. 술이 깬 후 자신이 왜 그런 어처구니없는 일을 했는지 땅을 치면서 통곡하는 사람을 보면 술이 주는 폐단이 얼마나 큰지를 느끼게 된다.

술을 마시는 것도 습관이다. 소주 한 병을 마시면 사망에 이른다는 사람도 계속해서 술을 마시면 주량이 는다. 그런데 중요한 사실은 술에 장사가 없다는 것이다. 그러므로 술이 이기나 내가 이기나 시험한다고 객기를 부리는 것은 정말로 어리석은 짓이다. 처음에는 술이 좋아서 술을 마시지만 나중에서는 술이 사람을 먹는다는 사실을 알아야 한다.

금주 100일 혹은 평생 금주를 다짐한 사람도 어느 순간에 술을 마시고 또다시 실수를 한다. 그래서 술은 극기의 천적이다.

하루 술을 마시면 그날 하루만 시간 낭비가 되는 것이 아니다. 술로 인한 시간적인 피해는 정상으로 돌아오는 시간까지 포함하면 평균 3일 정도 걸린다. 즉 술을 하루 마시면 3일의 시간을 무의미하게 보낸다고 생각해야 한다.

술을 마시는 사람이 극기하기 위한 좋은 방법은 술을 마시지 않는 것이다. 그러기 위해서는 가능한 술자리를 피하고 가족과 함께하거나 운동하면서 시간을 보내는 것이 좋다. 나쁜 습관을 버리는 가장 좋은 방법은 나쁜 습관을 바꾸려고 하기보다는 새로운 습관을 기르는 것이다.

어차피 우리네 삶은 주어진 시간을 어떻게 보낼 것인가 혹은 무엇을 하면서 시간을 보낼 것인가에 달려 있다. 술을 마시는 사람은 술과 함께 많은 시간을 보내는 것이고, 책을 읽는 사람은 책과 함께 많은 시간을 보내는 것이다. 즉 책과 함께 하는 시간을 많이 가지면 술을 마실 시간이 줄어든다. 그러므로 술보다는 책과 친하게 지내야 한다. 그러면 시일이 지나 술 생각이 줄어든다. 그리고 평소에 술 생각이 나면 집에서 간주로 마시면 된다. 가능한 밖에서 술자리를 만들지 말아야 한다. 그리고 그간에 술을 마시고 실수했던 상황을 생각하면서 반성해야 한다. 아울러 자기가 폭주하는 것이 문제라면 폭주하는 사람을 만나지 말아야 하고, 폭주하는 장소에 가지 말아야 한다. 또 술 약속이 잡히면 미리 그 다음날에 중요한 약속을 잡아야 한다. 그러면 다음날 중요한 약속으로 인해 폭주하지 않는다. 또 술자리 시간을 정해야 한다. 술 마시는 시간이 길어질수록 술을 많이 마실 확률이 높다. 그러므로 같은 양을 마셔도 단시간에 빨리 마시고 일찍 귀가하여 충분히 수면을 취하는 것이 좋다. 아울러 공복에 술을 마시지 않는다거나 폭탄주를 마시지 않는다는 등 술을 마시는 것도 원칙을 정해서 마셔야 한다.

아울러 금주하기 위해서는 자기가 행복하게 살기 위해서는 술만 안 마시면 된다는 생각을 자주 해야 한다. 인생의 목표를 술만 안 마시면 된다는 것으로 정하고 다른 것에 신경 쓰지 말고 오로지 그것 하나만을 지키도록 힘써야 한다. 건강과 돈과 시간과 가정의 행복까지 앗아가는 술, 그것도 어느 한 순간에 모든 것을 가져가 버리는 술, 술로 인해 망한 사람들의 사례를 보면서 정신 차려야 한다. 특히 음주운전은 절대 금해야 한다. 단 한 번의 사고로 모든 것을 잃게 된다. 음주운전으로 자칫 목숨을 잃을 수도 있다.

··· 아내가 없을 때 조심하라 ···

남편의 진정한 극기는 아내가 없을 때 발휘된다. 아내가 없어 봐야 진정으로 자기가 남편으로서 바른 생활을 하고 있는가를 알 수 있다. 총각 시절 나쁜 버릇을 버리지 못한 사람들은 대개 아내가 없는 시간에 과거로 회귀하려는 본능이 있다. 아내가 없어도 가장으로서 혹은 남편으로서 바른 생활을 하는 남편이 극기가 충만한 남편이다.

수신의 가장 큰 덕목은 신독이다. 신독은 어두운 방에 혼자 있어도 올바르게 생활하는 것을 말한다. 다른 사람이 있을 때는 잘하다가 혼자 있을 때 방탕하게 생활하는 사람은 신독의 수양이 부족한 사람이다. 가정에서 남편이 그릇된 행동을 하지 못하도록 잡아 주는 스승은 아내다. 아내가 있기에 하고 싶은 것도 참는다. 자기가 하고 싶은 일이 있어도 아내를 생각해서 참는다.

아내가 평가하기에 성공한 남편이라고 말하면 그 남편은 성공한 것이다. 남편의 현재 상황을 가장 정확하게 아는 사람은 아내다. 그래서 아내가 인정하는 남편이 진정으로 성공한 남편이다. 아울러 남편이 보기에 아내가 점점 예뻐 보인다면 그 사람은 성공한 것이다. 이 말인즉 남편이 성공하기 위해서는 아내를 사랑하고 아내의 말을 잘 들어야 한다는 말이다.

대개 가정이 평온하고 행복한 가정은 남편이 아내의 의견을 존중한다. 아내가 남편에서 복종하는 가정보다 남편이 아내에게 순종하고 가정이 잘사는 경우가 많다. 그렇다. 남편의 성공은 아내에게 달려 있다. 그러므로 아내에게 가정생활의 주도권을 주어야 한다. 또 아내의 마음을 편하게 하고 아내에게 근심 걱정을 끼치지 않아야 한다.

··· 규정을 지켜라 ···

직장 생활을 하면서 극기력을 키우기 위해서는 회사의 제반 규정을 잘 지켜야 한다. 직장인에게 있어서 가장 힘든 것은 몸이 아프거나 전날에 과음을 해서 몸이 피곤한 상태다. 그런데 더욱 서글픈 것은 그런 상태에서도 정해진 시간에 출근해야 한다는 것이다. 억 만 근이나 되는 몸을 이끌고 혼미한 상태로 출근한다. 먹고 살아야 하기 때문에 그런 것이 아니라 그렇게 수년 간 생활해서 몸에 익은 것이다.

직장인이 지켜야 하는 가장 기본적인 것은 근태다. 근태가 문란하면 다른 것을 아무리 잘해도 기본이 되어 있지 않다고 평가해서 모든 것을 좋지 않게 본다. 그래서 모든 직장인들의 마음에는 근태를 지켜야 한다는 것이 의식에 깊게 뿌리내려져 있다. 그래서 몸이 피곤하고 출근하기 싫어도 죽기 살기로 출근한다. 그것이 직장인들의 근성이고 극기다. 힘들고 어렵고 하기 싫어하는 자기를 이겨 내는 극기가 참된 극기다. 출근을 하기 싫었는데 퇴근하는 시점이 되면 그래도 출근한 것을 자랑스럽게 생각할 것이다.

일을 잘하고 못하는 것은 크게 표시나지 않는다. 그보다도 사람을 관리하는 입장에서는 일의 잘잘못을 따지기보다는 기본적으로 지켜야 하는 것을 잘 지키고 예의 있게 행동했느냐를 가장 중요하게 생각한다. 그래서 직장 연륜이 더해 갈수록 기본이 안 된 사람을 보면 제일 나쁜 직장인으로 생각한다. 그러함을 알기에 근태를 더 잘 지켜야 한다. 젊을 때는 일만 잘하면 된다는 생각으로 근태를 중요하게 생각하지 않는다. 출근과 퇴근 시간이 중요한 것이 아니라 일의 성과가 중요하다는 생각을 하기 때문이다. 그런데 조직 관리를 하는 사람은 근태를 가장 중요하게 본다. 깨진 유리창의 법칙이 말해 주듯 기본이 안 되면 그로 인해 모든 것이 일순간에 무너질 수 있기 때문이다. 아니, 실제 그러하다. 성과를 내지 못하지만 기본을 잘 지키는 사람이 성과를 잘 내지만 기본을 지키지 않는 사람보다 더 롱련한다.

　직장인들은 직장 생활을 하는 동안 직장에서 정한 기본과 원칙을 잘 지키도록 훈련된 사람이다. 그러한 것을 자기의 일상생활에 잘 접목해서 자기와의 싸움에서 자기를 이기는 데 활용해야 한다. 그렇지 않고 직장 생활과 사회생활을 별개라고 생각하면서 생활하는 것은 자기를 무장시키는 갑옷을 입지 않고 방치해 두는 것과 같다. 또 자동차가 있으면 그것을 타야 하는데 걸어 다니는 것이 편하다고 그냥 걸어 다니는 것과 같다. 그러므로 자기 생활에 도움이 되는 좋은 습관은 생활 전반에 퍼지도록 해야 하고, 좋지 않는 습관은 살충제를 뿌려서 벌레를 죽이듯 죽여야 한다. 왜냐하면 극기는 습관의 문제이기 때문이다.

　직장에서 길러진 좋은 습관을 생활에 적용하기 위해서는 사회생활도 직장 생활 하듯 해야 한다. 직장에서 근무 시간을 잘 지키듯이 다른 사람과의 약속을 잘 지켜야 한다. 직장 생활의 룰은 사회생활의 룰과 유사하다. 직장 생활과 사회생활은 하등의 다름이 없다. 그런데 직장에서는 잘하는데 사회생활에서는 전혀 다르게 행동하는 사람이 많다.

　직장 생활을 사회생활로 연계하기 위해서는 직장에서 실시하는 각종 경영 제도를 제대로 익혀야 한다. 직장에서 실시하는 핵심 성과 지표(KPI), 균형 성과 지표(BSC), 혁신 제도, 제안과 특허 제도, 윤리와 정보 보안 제도 등 각종 제도를 익혀서 그것을 사회생활에 접목해야 한다.

일례로 회사에서 근무 기강 특별 관리 기간이라면 그 기간에 사회생활의 기강을 특별 관리해야 한다. 또 안전 강조 기간이면 사회생활에서도 안전에 치중해야 한다. 그것이 바로 직장 생활의 전반적인 경영 제도를 자기의 사회생활로 연계시키는 것이다. 이왕 하는 직장생활이라면 월급 이상의 것을 누려야 한다. 단순히 월급만 받으려고 하지 말고 회사에서 경영 수업을 받는다는 생각으로 회사에서 운영하는 제반 제도와 강령을 익혀야 한다. 그래서 회사를 경영하듯 자기를 경영해야 한다. 그런 사람이 극기력이 강한 직장인이다.

4.

머물러
딴생각을 하라

:

'빨간 원숭이 효과'라는 말이 있다. 이 말은 빨간 원숭이를 생각하지 말라고 말을 하면 빨간 원숭이를 더 생각한다는 효과다. 또 금지 효과가 있다. 하지 말라고 하면 오히려 더 하고 싶어 한다는 효과다. 이처럼 하지 말아야 한다고 생각하면 그것이 기억에 상주하게 되고 일정한 타이밍이 되면 그 생각이 행동으로도 유발된다. 즉 머릿속으로 계속해야 한다고 생각하면 결국 실행으로 옮겨진다. 참 신기한 노릇이다. 자기는 계속해서 하지 말아야 한다고 생각했는데 그것이 빌미가 되어 결국 하게 되다니.

사람의 두뇌는 계속 반복 생각하는 것을 중요한 것이라고 생각해서 기억 속에 상주시킨다. 그래서 그것이 행동으로 이어지도록 한다. 그런데 하지 말라고 하는 것도 계속 생각하면 그것도 하게 된다. 일례로 감독이 타석에 들어서는 선수에게 높은 볼에는 배트가 나가지 말라고 지시하면 대개 높은 볼에 배트가 나간다. 하지만 같은 지시도 낮은 볼에만 배트가 나가야 한다고 지시하면 낮은 볼에서만 배트를 휘두른다. 그만큼 우리의 두뇌는 반대로 말하든 순차적으로 말하든 핵심 키워드를 기억에 상주시킨다. 그래서 비가 올 조건이 되면 하늘에서 비를 내리듯이 일정한 조건이 되면 그것을 정말로 행동으로 옮기게 된다. 앞서 말한 바도 마찬가지다. 야구 선수에게 높은 공에 배트가 나가지 않아야 한다고 말하면 그 선수의 두뇌에는 높은 볼이라는 키워드가 기억에 상존하고 있어 자기도 모르게 높은 볼에 배트가 나가는 것이다. 이것은 점화 효과와도 유사하다.

점화 효과는 커닝을 3번 말하게 하고 미국의 초대 대통령이 누구냐고 물으면 링컨이라고 대답을 한다는 효과다. 익히 아는 바와 같이 미국의 초대 대통령은 조지 워싱턴이다. 그런데 커닝이라는 말이 우리의 두뇌에 링컨 대통령을 떠올리게 하고 대통령이라는 말이 커닝이라는 말과 오버랩되어 자기도 모르게 링컨이라고 대답하는 것이다. 남을 속이는 사람들은 이런 원리를 잘 활용한다. 우리가 마술이 눈속임을 알면서도 속는 것은 마술이 상대가 아는 상식을 활용해서 상대가 스스로 자기 꼬임에 속을 수밖에 없게 만들기 때문이다. 단지 눈으로 그러한 사실을 확인하지 못했기 때문에 확신을 하지 못하는 것이다. 그럴 것이라고 예측했음에도 너무 빨라서 그것을 보지 못한 것이다.

마찬가지로 극기를 수행하는 과정에서 결심하고 다짐했다면 가능한 한 하지 말아야 하는 것은 긍정문으로 결심해야 한다. 일례로 내일은 휴가를 쓰지 않는다는 말을 하지 말고 내일은 반드시 출근한다고 말하는 것이다. 그렇지 않으면 마음 안에서 휴가를 갈까 아니면 출근을 할까를 두고 고민하다 자기도 모르게 휴가를 쓰게 된다. 왜냐하면 법보다는 주먹이 가깝고 두 키워드 중 쾌락과 기쁨을 주는 단어가 먼저 선택되기 때문이다. 즉 출근과 휴가 중 쾌락과 기쁨을 주는 단어는 휴가다. 두뇌는 출근보다 휴가라는 단어를 더 좋아한다. 그래서 휴가라는 단어가 기억에 상존하기에 휴가를 쓰게 되는 것이다. 그러므로 하지 말아야 한다고 결심한 것은 아예 생각 자체를 하지 말아야 한다.

슬픈 상황에서도 기쁜 생각을 하면 눈물이 나오지 않고 기분 좋은 상황에서도 슬픈 생각을 하면 눈물이 나오듯 인간은 생각에 의해 감정이 움직이고 그 감정에 의해 행동한다. 감정이 행동을 움직인다. 그러므로 그 감정을 자극하는 생각을 어떻게 하는가가 중요하다.

이처럼 자기 마음을 이겨 먹기 위해서는 자기와 싸움할 여지를 남겨 두지 말아야 한다. 싸움을 하면 자기만 손해다. 자기와 싸움을 하지 않기 위해서는 다른 생각을 해야 한다. 다른 생각을 하면 우리 두뇌는 그것을 다른 생각으로 덮어 버린다. 이때 다른 생각을 할 때는 그 생각을 잊을 수 있을 정도의 강한 힘을 발휘하는 생각이어야 한다. 그런 생각을 하지 못하게 하는 강력한 생각을 해서 그런 생각이 나지 않도록 아예 싹을 잘라 버려야 한다. 일례로 내일 중요한 회의가 있다. 혹은 내일은 상사와 중요한 출장을 가야 한다는 생각을 하는 것이다. 그러면 당연히 휴가라는 선택을 하지 않게 된다. 꼭 해야만 하는 사건을 만들어서 내일 휴가를 내서는 안 되는 당위성을 만드는 것이다.

… 곧이곧대로 살지 마라 …

극기력을 강화하기 위해서는 너무 착하게 살지 말아야 한다. 그리고 가끔 평소에 안 하던 것을 해 봐야 한다. 그렇다고 불법적인 일을 하라는 것이 아니다. 자기에게 주어진 일에 푹 빠지는 것도 중요하지만 계속 같은 일을 하다 보면 매너리즘에 빠지게 되어 일의 효율성이 떨어진다. 자기는 열정을 다해서 일을 한다고는 하지만 자기도 모르게 무력감에 빠지는 순간이 오게 된다. 그런 경우에는 잠시 그 일에서 벗어나 자기만의 삶을 살기 위해서 자기가 좋아하는 일이나 그간에 해 보지 않는 새로운 일을 해 보는 것이 좋다. 말 그대로 다른 행동을 해 봐야 한다. 그래야 자신이 하는 일을 다양한 관점으로 해석하게 된다. 그것이 무력감과 매너리즘에 빠져 있는 자기를 구하는 길이다. 등산을 하거나 여행하는 것도 좋고, 종이 접기 혹은 모형 만들기 등 그간에 해 보지 않은 것을 해 보고 음식점에 가서 색다른 음식도 먹어 봐야 한다. 옷도 다른 스타일의 옷을 입어 보고 머리 스타일도 다른 스타일을 해 봐야 한다. 그러면 마치 이(異) 문화를 체험하는 것과 같은 느낌이 들 것이다.

5.

머물러
무조건 버텨라

⋮

⋯ 퇴근 시간을 잊어라 ⋯

회사 일은 하기 싫고 그렇다고 퇴근도 할 수 없는 상황에서는 시간이 좀처럼 가지 않는다. 회사에 출근해서 무엇을 해야 할지 망막한 상태에 놓이게 되면 그야말로 앞이 캄캄하다는 생각을 하게 된다. 8시간 동안 무엇을 하면서 보내야 한단 말인가?

이럴 때는 퇴근 시간이 약이다. 퇴근 시간을 기다리면서 참고 참으면 퇴근 시간이 가까워질수록 희망이 샘솟는다. 퇴근 시간이 극기력을 기르는 힘이 된다. 퇴근 시간이 될 때까지만 참으면 된다고 생각하면서 이런 일 저런 일에 관심을 갖다 보면 하루 8시간이 그리 긴 시간이 아니라는 것을 알게 된다.

하지만 정말로 일이 많은 사람은 퇴근 시간을 염두에 두지 않고 일한다. 그런 사람은 일의 성공 여부에 모든 신경을 쓴다. 일이 성공할 것인지 실패할 것인지가 관건이지 퇴근 시간에 관심을 두지 않는다. 그래서 그런 사람들은 오로지 자기가 하는 일로 승부를 건다. 자기가 바라고 원하는 일을 해 나가는 과정에서 자기 성장을 도모하고 자기 발전을 위해서 열정적으로 일한다. 그런 사람이 되어야 한다. 퇴근 시간에 목숨 걸고 퇴근 시간만을 바라보면서 생활하는 사람은 좋은 직장인이 아니다. 또 퇴근 시간이 오기만을 기다리는 사람은 퇴근 시간에 인생을 저당 잡힌 사람이다. 그러므로 퇴근 시간에 저당 잡힌 인생을 살지 않기 위해서는 일에 전념해야 한다. 퇴근 시간이 언제 오는지도 모르게 직장 생활을 해야 한다. 그런 사람이 극기력이 강한 사람이다. 퇴근 시간을 기다리면서 지겨운 시간을 견디는 힘이 극기력이 아니다. 일에 몰입하여 시간 가는 줄 모르고 일을 하는 것이 진짜 극기력이다.

··· 직장 일에 몰입하라 ···

우리가 일생 생활 속에서 중력의 영향을 받듯 우리의 모든 생활이 극기의 영향을 받는다. 어느 한순간도 자기 의지에 의해서 살지 않는 경우는 없다. 자기가 잘 인지하지 못할 뿐이지 우리의 모든 생활은 어떤 형태로든 자기 의지를 담아서 생활하고 있다. 중요한 것은 그러한 의지를 한곳에 모아서 집중적으로 활용해야 한다는 것이다. 그것이 몰입이다. 몰입의 힘은 수많은 단련에 의해서 단련된 극기력의 산물이다. 고로 참된 극기력을 기르기 위해서는 자기가 하는 일 속에서 다른 생각을 하지 못할 정도로 일해야 한다. 주변에서 무슨 일이 벌어지는지 모를 정도로 무아지경의 상태에 빠져야 한다. 그래야 성장한다. 회사도 마찬가지다. 회사에서 일하는 8시간이 어떻게 가는지 모르게 일해야 한다.

회사에 있는 동안 자기 발전을 위해 뭔가를 해야겠다고 생각하는 사람은 시간이 흐르는 것을 아깝게 생각한다. 그런 사람은 회사 시간이 따로 있다고 생각하지 않는다. 회사에 있건 가정에 있건 시간은 자기의 시간이라고 생각한다. 그렇다. 회사에 있는 시간도 자기 인생이다. 회사에 있는 시간 역시 자기 생명이고 목숨이다. 그러므로 자기가 언제 어디서 무엇을 하든 간에 그 시간은 자기 생명의 소중한 시간이라고 생각해야 한다. 그러기에 이왕이면 회사도 성장하고 자기 생명의 시간도 의미 있게 보낸다는 생각으로 자기에게 주어진 일에 총력을 다해야 한다. 그런 직장인이 극기력이 강한 직장인이다.

자기가 극기력이 있는지의 여부는 회사에 출근해서 퇴근 시간을 기다리는 직장인인가 아니면 일에 몰입하는 직장인인가를 생각해 보면 된다. 퇴근 시간을 기다리지 않는 직장인이 직장 생활을 잘하는 직장인이고 극기력이 충만한 직장인이다. 직장인은 직장인다워야 한다. 직장인으로서의 역할과 책임을 다해야 좋은 직장인이다.

6.

머물러 근심
걱정을 날려라

:

    자기가 하고자 하는 바를 원만하게 잘하기 위해서는 자기 마음 안에 근심 걱정이 없어야 한다. 왜냐하면 근심 걱정으로 인해서 생각이 다른 곳에 있게 되고 그러한 생각으로 인해서 주어진 일에 몰입할 수 없기 때문이다. 결국 자기가 하고자 하는 일을 제대로 하지 못하고 오만 잡생각으로 시간을 소비하게 된다. 그러므로 일을 제대로 하기 위해서는 우선 머리가 맑아야 한다. 머릿속이 어수선하고 복잡하면 일을 하는 데 방해가 된다. 그렇게 되면 쉬운 일도 어렵게 생각하고 단시간에 마음만 먹으면 할 수 있는 일도 복잡하다고 생각한다. 그러므로 어떠한 일에 착수할 때는 머릿속을 말끔히 비우는 것이 좋다. 머릿속을 비우면 우선 기분이 상쾌해서 좋다. 또한 무슨 일을 어떻게 하는 것이 바람직한가를 알게 된다.

    머리가 복잡하다는 것은 근심 걱정이 많다는 것을 의미한다. 대부분의 근심 걱정은 이로움이 없는 생각이다. 결국 근심 걱정이 커지면 그것이 두려움이 되고 그 두려움으로 인해 행동에 제약을 받는다. 하고 싶어도 두렵기 때문에 하지 못하게 되고 할 수 있음에도 두렵기 때문에 하지 못하게 된다.

그러므로 가능한 근심 걱정은 하지 않는 것이 좋다. 그럼에도 불구하고 근심 걱정이 생긴다면 그것을 성장과 기회로 활용해야 한다. 그러기 위해서는 근심 걱정을 하면서 다른 생각을 해야 한다. 생각의 버스를 갈아타는 것이다. 즉 근심 걱정하는 것을 생각하는 습관을 기르는 용도로 활용하면 된다. 근심 걱정도 생각이다. 이왕 하는 근심 걱정이라면 건전한 근심 걱정을 해야 한다. 아울러 근심 걱정이 있다면 이 순간을 어떻게 하면 잘 극복할 수 있을까? 어떻게 이 상황을 기회로 활용할 수 있을까를 깊이 있게 생각하는 기회로 삼는다면 그로 인해 극기의 씨앗인 생각하는 힘이 강화될 것이다.

··· 참으면 병이다 ···

'참는 자에게 복이 있으니 참아야 한다.', '참을 인(忍) 자가 세 개면 살인도 면한다.'는 말은 참는 것이 미덕이자 약이라는 말이다. 그러기에 화가 나고 가슴이 터져 버릴 것 같은 분노가 치밀어도 참고 참아야 한다.

우리의 두뇌 안에는 감정을 자극시키는 편도체가 있고 편도체가 자극을 받으면 전두엽이 활성화되어 그것이 일정한 한계를 넘어서면 폭발한다. 그래서 일정한 한계까지 참고 버티면 그로 인해 터지지 않지만 시간이 흐르면 결국 터지게 되어 있다. 화가 쌓이고 쌓이면 결국에는 그로 인해서 화가 폭발하는 것이다. 그러므로 화를 다스릴 수 있는 테크닉을 길러야 한다.

화를 잘 다스리기 위해서는 화가 쌓이면 그것을 참고 가만히 두지 말고 즉시 풀어 주어야 한다. 그렇지 않으면 그것이 가슴에 모여 병이 된다.

화가 쌓이면 힘껏 소리를 질러 보고 운동을 하면서 풀어 주어야 한다. 문제는 그것을 어떻게 풀어 줄 것인가다. 화를 참으면 그것이 스트레스가 된다. 스트레스는 만병의 근원이다. 그러므로 화가 나면 그것이 몸에 축적되지 않도록 적정한 시점에 풀어 주어야 한다.

동물들은 화가 나면 그것을 참지 않고 즉시 발산한다. 으르렁거리기도 하고 뭔가를 물어뜯기도 한다. 또 즉시 역공을 가하기도 한다. 그런데 사람은 이성적인 동물이어서 다른 사람에게 미치는 영향을 생각해서 어느 정도 참는다. 그래서 이성적으로 무장이 잘되어 있는 사람을 성숙한 사람이라고 말한다.

물론 참는 것은 미덕이다. 일순간 화를 참지 못하여 평생에 걸쳐 쌓아 온 모든 것을 한순간에 물거품으로 만드는 사람도 있다. 자기의 감정을 다스리지 못해서 결국은 자기가 자기 발등을 찍어 버리는 형국이다. 하지만 그럼에도 불구하고 자기에게 쌓인 화는 적정하게 풀어 주어야 한다. 화가 치밀면 전력질주하면서 몸의 노폐물을 쏟아 낼 정도로 땀을 흘리는 것도 좋다. 땀을 흘리면서 자기 안에 쌓인 스트레스를 풀어 주어야 한다. 다른 사람에게 화를 푸는 것은 옳지 않다. 직장 상사 중에 화가 나면 그것을 부하들에게 푸는 사람도 있는데 그것은 부하 직원의 인생을 망치는 짓이다. 결코 자기의 화를 다른 사람에게 전가시키지 말아야 한다.

자기가 화를 가슴에 품고 있는 것은 뜨거운 난로를 자기 안에 품고 있는 것에 견줄 수 있다. '화'라는 난로를 껴안고 있으면 남을 태우기 전에 먼저 자기를 태운다. 그러므로 화가 치밀면 빨리 풀어야 한다. 뜨거운 난로를 놓아 버리듯이 해야 한다.

달리 생각하면 화를 자기를 성장시키는 분발심으로 활용하는 것도 좋다. 억울한 누명을 쓰거나 어처구니없는 피해를 본 경우에 그것을 어떻게든 풀어 주어야 하는데 마땅히 풀 방도가 없는 경우가 있다. 자기가 가진 힘이 너무도 미천하고 기댈 언덕도 없는 외톨이라면 더욱더 화가 날 것이다. 그런 경우에는 그 화를 자기를 분발시키는 채찍으로 삼아야 한다. 자기 안에 쌓여 있는 그 울분을 자기 안에 잠자고 있는 잠재력이라는 거인을 일깨우는 채찍으로 삼아야 한다. 즉 화로 인해 쌓인 울분을 자기 발전을 위한 분발심으로 삼아 자기의 나태한 마음을 일깨워야 한다. 그래서 쉽게 무너지지 않는 자기만의 아성을 견고하게 쌓아야 한다.

일반적으로 사람들이 화를 내는 이유는 '매슬로(Abraham H Maslow)의 5단계 욕구'에서 말하는 5가지 욕구를 해소하지 못했기 때문이다. 그러므로 그러한 욕구불만으로 쌓이는 것이 있다면 그것을 가능한 즉시 해소해야 한다. 아울러 자기 마음 안에 쌓여 있는 스트레스를 어떻게 풀 것인가에 대한 생각을 자주 해야 한다. 그래서 5가지의 욕구 중 어떤 욕구를 충족시켜야 자기 마음 안에 있는 불만을 해결할 수 있는지를 파악해서 그것을 풀어 주어야 한다.

… 죄책감에서 벗어나라 …

죄를 짓거나 잘못한 것이 있으면 자신감이 위축되기 마련이다. 자기가 하고 싶은 일이 있어도 자기에게 뭔가 잘못이 있고 마음에 걸리는 것이 있으면 선뜻 나서지 못하게 된다. 그것이 바로 죄책감으로 인해 자신감이 위축되는 것이다. 성경에는 죄가 없는 사람이라면 돌을 던지라는 말이 나온다. 자기 마음이 순수하고 양심적으로 다른 사람에게 꺼릴 것이 없다면 돌을 던지라는 것이다. 그런데 아무도 돌을 던지지 못했다.

많은 사람들이 자기는 깨끗하고 양심적이라고 생각한다. 대신에 다른 사람은 비양심적이라고 생각한다. 자기 눈에 들보는 보지 못하고 남의 눈에 낀 티만 본다. 또 다른 사람의 잘못은 사소한 것도 침소봉대하여 확대해석하는 경향이 있다. 또 모든 것을 자기의 기준으로 합리화하면서 자기가 행한 비도덕적인 행위와 죄의식에 대해서는 무감각하다. 그런데 자기 안에 있는 참나는 그것이 죄라는 것을 안다. 그래서 다른 사람에게는 떳떳하다고 말을 하지만 자기의 양심은 결코 속이지 못한다. 일례로 누군가에게 양심적인 사람이 되어야 한다는 말은 들으면 자기도 모르게 멈칫한다. 자신이 얼마나 양심을 속였는지를 알기 때문이다. 그런데 중요한 것은 사람들은 성실성 여부도 자기가 판단한다는 것이다. 그래서 자기가 저지른 불법은 정당방위이고 그 나름의 이유가 있는 정당한 행위라고 생각한다. 그러기에 자기는 다른 사람보다 깨끗한 사람이라고 생각하는 것이다.

극기력의 차원에서 자기를 이겨 내기 위해서는 윤리적으로 투명해야 하고 객관적으로 올바른 사람이어야 한다. 즉 죄를 짓지 말아야 한다. 그런데 우리는 그런 원리 원칙과 기준에 입각하여 살지 않는다. 남이 보지 않으면 자기도 모르게 임의대로 행동하려는 경향이 있다. 특히 법을 잘 아는 사람들은 어떻게 해야 법망을 빠져나갈 수 있는지를 알기에 법을 우습게 생각한다. 아울러 돈이나 권력이 있는 사람들은 아예 법 위에 앉아 자기 입맛에 맞게 법을 요리하는 경우도 있다.

이제는 자기 힘의 논리에 의해 죄가 판가름되는 사회가 됐다는 생각이 든다. 돈이 있고 힘이 있으면 유죄도 무죄가 되고, 돈이 없고 힘이 없으면 무죄도 유죄가 된다. '유전무죄요, 무전유죄'라는 말이 판치는 세상이다. 그럼에도 불구하고 선한 마음으로 살아야 한다.

왜냐하면 죄를 지으면 자기 스스로 떳떳하지 못하기 때문이다.

극기력이 강한 사람들은 공통적으로 선을 추구한다. 아주 악독한 성격을 가진 사람들이 극기력이 강할 것 같아도 그런 사람은 극한 상황에 처하면 쉽게 포기한다. 자기가 아무리 강한 힘을 가졌다고 해도 떳떳하지 못하면 오래도록 근성 있게 견디지 못한다. 육체적으로 힘든 것은 견뎌 내지만 정신적으로 선악을 가리는 상황에서는 결국 질 수밖에 없기 때문이다.

7.

머물러
내면의 소리를 들어라

:

    일을 하면서 극기력을 강화하기 위해서는 현재 자기가 하고 있는 일이 자기가 원해서 하는 일인지 혹은 먹고 살기 위해서 어쩔 수 없이 하는 지를 깊이 있게 생각해야 한다.

    자기가 하는 일이 진정으로 좋아서 하는 사람은 드물다. 특히 직장인의 경우에는 더욱 그러하다. 그런 연유로 자기가 하는 일에 회의를 느끼기도 하고 직장에 출근하는 것 자체를 꺼리기도 한다. 그러므로 자기가 하는 일을 통해 극기력을 기르기 위해서는 먼저 자기가 하는 일이 진정으로 자기가 원하는 일인가를 생각해야 한다. 그래서 자기 내면에서 들려주는 소리를 들어야 한다. 이 일이 내가 좋아하고 원하는 일인가? 내가 이 일을 하지 않는다면 어떤 일을 해야 하는가? 내가 정말로 원하는 일은 어떤 일인가? 내가 현재 왜 일을 하는가? 일을 더 즐겁게 할 수는 없는가? 에 대해 깊이 생각해야 한다. 그래서 자기 안에서 들려오는 내면의 소리를 들어야 한다. 특히 어쩔 수 없이 해야 하는 일이라면 그 일을 좋아하는 일로 만들기 위해서는 어떻게 해야 하는가를 생각해야 한다. 그래서 일의 의미를 발견하고 그 일을 통해 행복을 추구해야 한다. 왜냐하면 자기가 하는 일이 즐겁지 않으면 극기력이 길러지지 않기 때문이다. 그러므로 자기의 극기력을 강화하기 위해서는 자기가 하는 일을 즐겁고 원하고 바라는 일로 만들어야 한다. 그러기 위해서는 앞서 말한 바와 같이 자기 일을 깊이 있게 들여다보는 시간을 가져야 한다. 그런데 많은 사람들이 바빠서 그렇게 한가하게 성찰할 시간이 없다고 말한다.

인디언 속담에 '너무 빨리 달리지 말라'고 말한다. 가끔은 뒤를 돌아보거나 시간적인 여유를 가지고 휴식을 취해야 한다고 말한다. 왜냐하면 자기의 영혼이 쫓아올 시간적 여유를 줘야 하기 때문이다. 그렇다. 우리의 영혼은 우리의 육체에게 하고 싶은 말이 많다. 그러니 시간적인 여유를 주어야 한다. 그래야 자기가 일을 해야만 하는 이유와 그 일을 통해서 얻고자 하는 것이 무엇인지를 알 수 있다.

우리는 오십 대를 지천명이라고 말한다. 이 말은 50년을 살아 보니 비로소 하늘의 뜻에 따르기 위해서는 자기가 무엇을 해야 하고 어떻게 행동해야 하는지를 알게 되었다는 말이다. 우리는 이것을 소명(calling)이라고 말한다. 천직을 알게 되었다는 것이다. 그런 사람은 극기력이 강하다. 자기의 사명을 발견했기에 뭔가 모르는 신비한 힘을 실어서 행동하기 때문이다.

천직 의식을 가진 사람들은 모든 일을 자기 뜻대로 하는 것이 아니라 하늘의 뜻에 의해 하는 것이라고 생각한다. 그래서 하고 싶지 않아도 하고 진정으로 원하지 않아도 하늘로부터 부여받았기에 마땅히 해야 하는 일이라고 생각한다. 운명적으로 해야 하는 일이라고 생각하는 것이다. 또 아무리 힘들고 어려워도 하늘이 자기에게 힘을 주기에 이를 잘 극복할 것이라고 생각한다. 그래서 자기에게 주어진 일에 최선을 다한다. 그런 사람들은 어렵고 힘든 상황이 오면 그것은 극복해야 하는 것이 하늘의 뜻이며, 그것을 통해 자기를 강하게 단련시켜야 한다고 생각한다. 그래서 중도에 결코 포기하지 않으며 오히려 그 상황을 즐겁게 받아들인다.

··· 혼자 놀기의 달인이 되어라 ···

극기력을 기르기 위해서는 혼자 즐기는 법을 배워야 한다. 자기 혼자 놀 줄 알아야 한다. 그래야 극기력이 길러진다. 극기력을 기르는 과정은 자기와 싸움하는 과정이다. 극기력이 발휘되는 것은 타인에 의해 영향을 받지만 극기력을 키우는 것은 궁극적으로 자신의 몫이다. 그러므로 극기력을 강화하기 위해서는 혼자서도 당당하고 재미있게 잘 살 수 있도록 생활력을 키워야 한다.

직장인들은 정년을 하면 조직을 떠나 홀로 서야 하므로 그런 경우를 대비해서 미리 힘을 길러야 한다. 자기 혼자서 굳세게 살아갈 수 있도록 극기력을 강화해야 한다. 남의 도움을 받지 않고 의연하게 살아갈 수 있도록 독립심을 키워야 한다. 그야말로 혼자 놀기의 달인이 되어야 한다.

혼자 있는 것이 즐거운 사람은 극기력이 강한 사람이다. 그렇지 않고 누구라도 곁에 있어야 재미를 느끼는 사람은 극기력이 약한 사람이다. 어차피 인생은 혼자 와서 혼자 가야 한다. 굳이 자기 혼자 하려고 하지 않아도 일정한 시점이 되면 혼자 살 수밖에 없다. 그런 경우에는 어떻게 해야 하는가? 아마도 어느 순간 갑자기 외톨이가 된다면 외로움이 클 것이다. 대부분의 경우 직장인들은 회사를 그만두는 순간 자기도 모르게 늙는다고 말한다. 그 이유는 일을 놓았기 때문이다. 그러므로 정년 이후에도 늙지 않고 즐겁게 살기 위해서는 자기 생활의 자주성과 독립성을 확보해야 한다. 즉 타인의 도움 없이 자기 일을 하면서 자기에게 주어진 시간을 온전히 즐길 수 있도록 준비해야 한다.

8.

머물러
단순하게 생활하라

:

생각은 행동의 씨앗이다. 무슨 생각을 하느냐에 따라 행동의 방식이 달라진다. 그러므로 좋은 행동을 유발하기 위해서는 좋은 생각을 해야 하고 재치 있고 지혜로운 행동을 하기 위해서는 지혜롭고 재치 있는 생각을 해야 한다.

극기력을 강화하기 위해서는 이러한 생각이 단순해야 한다. 생각이 복잡하면 행동하기 전에 생각에 지쳐 포기하는 경우가 생긴다. 그러므로 생각을 비우고 가능한 한 생각한 것을 행동으로 빨리 연계해야 한다. 생각을 비운다는 것은 생각을 단순하게 하는 것을 의미한다. 많은 경우의 수를 가지고 생각하는 것이 아니라 단 한 가지 생각을 일관성 있게 하는 것을 의미한다. 그래서 그 일관된 생각을 행동으로 즉시 연계해야 한다. 왜냐하면 극기력은 행동력이고 실행력이며 실천력이기 때문이다.

… 생각을 비우면 본질이 보인다 …

생각이 마음의 씨앗이라고 볼 때 생각이 많다는 것은 다른 생각을 할 여지가 많지 않으며 마음이 복잡하다는 것을 의미한다. 그러기에 삶을 단순하게 하기 위해서는 생각을 비워야 한다.

생각을 비우면 딴생각을 하지 않게 되고 오로지 한 가지 생각에 몰두하게 된다. 그로 인하여 일관성 있게 한 가지 생각을 깊이 있게 함으로써 본질을 보게 된다. 본질은 핵심이다. 우리가 일을 하면서 바쁘게 움직이고 뭔가를 하는 것 같은데 성과가 나오지 않는다면 그 사람은 본질에서 벗어나 핵심을 보지 못했기 때문이다. 본질이나 핵심을 보는 사람은 어느 때 무엇을 해야 하는지를 안다.

생각을 단순화하기 위해서는 생각 속에 있는 불필요한 생각을 버려야 한다. 생각 중에는 필요한 생각과 불필요한 생각이 있다. 우리가 살면서 생각하는 모든 생각을 쌓아 둔다면 우리의 두뇌는 과부하로 인해서 터져 버릴 것이다. 그러므로 좋은 생각을 남겨 두고 불필요한 생각은 버려야 한다. 생각 속에서 불필요한 생각을 버린다고 해서 종이를 휴지통에 버리는 것과 같이 없어지거나 소멸되는 것은 아니다. 생각의 특성상 버려진 생각은 언제든지 불시에 튀어나올 수 있다. 또 내가 생각을 하지 않으려고 해도 일정한 조건이 조성되면 여지없이 튀어나오는 속성이 있다. 그러므로 불필요한 생각을 버렸다고 해서 완전히 제거된 것이 아니라는 것을 알아야 한다. 그러므로 불필요한 생각이 튀어 나오지 않기 위해서는 필요한 생각으로 생각을 채워야 한다. 불필요한 생각이 비집고 들어올 틈을 주지 말아야 한다.

여기서 불필요한 생각이라고 해서 그 생각이 아무 짝에도 쓸모가 없는 생각은 아니다. 생각의 필요와 불필요를 판단하는 근거는 현재 자신이 처한 상황에 따라 다르다. 아무리 좋은 생각도 현재 행동하는 데 전혀 도움이 되는 생각이 아니면 좋은 생각이 아니다. 또 아무리 나쁜 생각이라고 해도 현재 행동하는 데 도움이 된다면 좋은 생각이다.

생각하는 것도 습관이다. 우리의 습관이 처음에는 거미줄처럼 되어 있지만 그것을 계속 반복하다 보면 어느덧 끊을 수 없는 철심이 되는 것과 같이 생각도 그러하다. 처음에 하는 생각은 그냥 하는 생각이지만 그런 생각을 계속하다 보면 그 생각의 힘이 강화되고, 쉽게 변하지 않는 강한 생각이 되어 극기력을 향상시켜 준다. 또 그 극기력이 강한 행동으로 표출된다.

행동이 둔감한 것은 생각이 둔감하기 때문이다. 생각이 둔하고 약해서 강하게 행동하지 못하는 것이다. 또 생각이 많아 생각의 힘이 분산되기에 행동이 민첩하지 못한 것이다. 그러므로 행동하는 힘을 강화하기 위해서는 생각을 단순하게 하는 습관을 길러야 한다. 그 생각의 단순함은 불필요한 생각을 버리는 것에서 출발한다. 그러므로 꼭 필요한 생각만 해야 한다. 그래서 생각이 행동으로 직결될 수 있도록 해야 한다.

혹자는 '모든 것은 유치원에서 배웠다'고 말한다. 또 중년이 되면 그때까지 배우고 익힌 것을 꺼내 쓰기만 해도 제대로 된 삶을 살 수 있다고 말한다. 그러므로 굳이 새로운 것을 배울 필요는 없다. 그렇다. 새로운 생각을 채우지 않아도 우리의 기억 속에는 좋은 것들이 많이 있다. 잡동사니같이 가득 쌓여 있는 생각 창고에서 자기가 원하는 생각을 끄집어 쓰기만 하면 된다.

그래서 '모든 해답은 자기 안에 있다'고 말한다. 또 '모든 창조는 자기 안에 있는 생각의 버물림에 의해 탄생되는 제 3의 생각'이라고 말한다. 그러므로 새로운 생각을 하려고 하지 말고 기존의 생각을 비벼서 기발한 착상이 떠오르도록 해야 한다.

… 단순한 생활인이 되자 …

극기력을 향상시키기 위해서는 생활이 단순해야 한다. 생활이 단순하면 생각이 단순해서 한 가지 생각에 보다 집중할 수 있다. 그래서 단순한 생각을 하기 위해서는 삶이 단순해야 한다. 여러 가지 일을 하다 보면 머리가 어수선해서 생각의 깊이가 얇아지고 동시에 많은 일을 처리해야 하기에 단 한 가지 일도 제대로 처리하지 못하는 상황이 생기게 마련이다. 그러므로 불필요한 가지를 가지치기하듯 자기 생활 속에서 아무 짝에도 쓸모없는 것들을 과감히 제거해야 한다. 하지 않아도 되는데 남의 눈 때문에 하는 일, 그리고 별다른 가치를 창출하지 못하는 일은 과감히 제거해야 한다. 그러면 생각이 단순해진다.

또 보는 것이 단순하고 가는 장소가 단순하면 생각이 단순해진다. 생각이 단순하면 행동도 단순해진다. 생각이 단순하고 일이 단순하면 불필요한 시간을 줄일 수 있다. 또 오로지 자신이 원하는 일에 몰입할 수 있다. 아울러 극기력이 향상된다. 왜냐하면 생각이 다른 곳으로 분산되지 않고 행동이 단순해지기 때문이다.

아울러 자기가 생활하는 곳을 단순하게 하려면 활동 반경이 아주 심플해야 한다. 또 만나는 사람도 심플해야 한다. 아무나 만나지 말고 복잡하게 여러 장소에서 일을 하지 말아야 한다. 사람이 많으면 그 사람 수에 상응하는 갈등이 생기게 마련이다. 그렇다고 사람을 만나지 않을 수는 없다. 인간은 사회적인 동물이라서 사람들과 함께 더불어서 살아가야 한다. 또 사람을 통해서 많은 유익한 정보를 얻고 서로가 화합하여 상호 승승을 도모해야 한다. 그래서 다른 사람들과 함께할 수밖에 없다. 그럼에도 불구하고 가능한 한 만나는 사람 수를 줄여야 한다. 만약에 많은 사람을 만났다면 갈등이 생기는 것을 최소화하기 위해 말수를 줄여야 한다. 그렇지 않으면 구설수에 올라 갈등이 심화될 것이다. 또 다른 사람과 이해관계가 대립되는 상황이 발생되지 않도록 타인을 배려해야 한다. 그러면 많은 사람을 만나도 단순한 생활을 영위할 수 있을 것이다.

9.

머물러
뜻을 세워라

:

··· 목표를 세워라 ···

극기력을 기르기 위해서는 목표가 있어야 한다. 꿈과 비전이 있어야 하고 가고자 하는 목적지가 뚜렷해야 한다. 또 자기가 하고자 하는 마음이 간절하고 해야 할 필요성을 깊이 느껴야 한다.

자기 계발 서적의 90프로 이상을 점유하고 있는 단어는 목표다. 무엇을 하든 지향점인 목표가 있다. 하찮은 일이건 대단한 일이건 상관없이 그에 상응하는 목표가 있다. 또 오늘 하루의 목표가 있고 평생에 걸쳐 이루고 싶은 목표가 있기 마련이다. 그러한 목표가 있어야 극기력을 키울 수 있다.

아울러 목표는 스마트(SMART)하게 세워야 한다. 구체적이고 측정 가능하며 도전적이고 상황과 연계되어야 하며 기한이 정해져 있어야 한다. 그래야 그 목표를 달성할 확률이 높다. 제아무리 좋은 목표도 실행이 뒤따르지 않으면 아무 소용없다. 그러므로 목표를 세웠다면 그 목표 달성에 필요한 실행력이 수반되어야 한다.

꿈에 기한을 더하면 목표가 되고 목표를 잘게 쪼개면 계획이 된다. 그러므로 목표를 달성하기 위해서는 구체적으로 계획을 세워야 한다. 계획이 구체적일수록 실행할 확률이 높다. 그러한 일련의 활동이 극기력을 강화하는 활동이다.

목표를 세워도 그에 따른 행동이 뒤따르지 않으면 죽은 목표가 된다. 살아 있는 목표는 늘 행동이 뒤따른다. 그렇게 목표를 달성하기 위해 행동하는 것 자체가 극기를 발휘하는 것이다. 그래서 극기력이 강한 사람이 목표를 달성할 확률이 높고 목표를 달성하는 사람이 극기력이 강한 사람이다.

목표는 시간을 담는 그릇이다. 물은 컵에 담고 돈을 통장에 담듯 시간이라는 것은 목표에 담아야 한다. 목표를 세우면 그 목표를 달성하는 데 시간이 소요된다. 그래서 통찰력이 뛰어난 사람들은 목표를 보면 그것을 달성하는 데 어느 정도의 시간이 소요될 것이라고 정확하게 예측하는 능력이 탁월하다. 또 그 목표를 달성하기 위해 어느 정도의 시간을 써야 할 것인가를 정확하게 산정한다.

목표를 세운다는 것은 극기할 각오가 되어 있음을 의미한다. 또 오로지 목표에 집중하고 다른 것에 신경 쓰지 않겠다는 약정을 하는 것이다. 그러므로 극기력을 강화하기 위해서는 최우선적으로 목표를 세워야 한다. 그래서 어느 정도의 극기력을 발휘할 것인지 견적을 내 봐야 한다. 또 목표를 달성해 가는 단계마다 어느 정도의 힘을 쓸 것인지를 예단해야 한다. 그래서 힘의 안배를 잘해야 한다. 그래야 중도에 포기하지 않고 끝까지 하게 된다.

··· 계속해야 기회가 온다 ···

계속해야 기회를 잡을 수 있다. 가만히 있으면 기회가 오지 않는다. 그러므로 무엇인가를 계속하면서 자기가 원하는 기회를 기다려야 한다. 그러면 어느 시점에 좋은 타이밍이 올 것이다.

언제 좋은 타이밍이 올지는 아무도 모른다. 또 언제 좋은 타이밍이 찾아오고 어느 시점에서 좋은 타이밍을 잡을 수 있을지는 예측할 수 없다. 단 쉼 없이 화살을 날리는 사람이 과녁을 적중시킬 수 있듯이 계속해서 끝까지 하는 사람이 좋은 타이밍을 잡을 수 있다. 아울러 좋은 타이밍이 올 때까지 끈기 있게 노력하며 끝까지 기다려야 한다. 모든 기회는 끊임없이 실천하고 행동하는 과정에서 나온다. 실천하고 행동하다 보면 기회라는 것은 반드시 오게 되어 있다. 그러므로 감나무 아래 누워서 감이 떨어지기를 기다리는 것처럼 아무 일도 하지 않고 기회의 타이밍이 오기를 기다리지 말고 뭔가를 하면서 기다려야 한다. 하다 보면 하게 되고 가다 보면 가게 되어 있다. 정히 어렵고 힘들다면 그냥 아무 생각 없이 그냥 하자. 끝까지 하다 보면 언젠가 기회의 타이밍이 올 것이다.

10.

머물러
내공을 쌓아라

⋮

우리의 자세는 우리 마음의 상태다. 뭔가 불만이 있으면 불만 있는 자세를 취하고 뭔가 기쁜 일이 있으면 기쁜 자세를 취한다. 즉 자세는 마음 상태를 표현한다. 기품 있는 자세를 취하면 그로 인해 기품 있는 마음이 생긴다.

⋯ 행동으로 마음을 다스려라 ⋯

우리는 생각과 마음으로 행동을 통제하기도 하지만 행동으로 생각과 마음을 변화시킬 수 있다. 마음에 없어도 행동하면 행동하는 과정에서 하고 싶은 마음이 생기는 경우가 있다.

마음으로 행동을 통제하는 사람보다 행동으로 마음을 통제하는 사람이 더 고수다. 마음이라는 것은 사월 날씨처럼 변덕이 심하다. 결연한 마음으로 다짐을 했어도 주변 환경이 바뀌면 순식간에 다른 양상을 보인다. 그래서 열 길 물속은 알 수 있어도 한 길 사람 속은 알 수 없다고 말한다. 그만큼 사람의 마음은 알기는 어렵다.

하지만 '마음보다는 몸이 먼저 말을 한다'는 말이 있듯 사람의 언행을 보면 그 사람의 속마음을 알 수 있다. 마음 상태가 행동으로 표출되기 때문이다. 그래서 낯선 사람도 하는 행동을 보면 그 사람이 어떤 마음을 가지고 있는지를 어느 정도 알 수 있다. 그렇다. 마음과 행동은 밀접하다. 그러므로 마음 안에 극기력을 강화하기 위해서는 자기의 자세를 바로잡아야 한다. 어깨와 허리를 곧게 펴고 부동자세로 있으면 힘이 생길 것이다. 또 하기 싫은 마음이 생겨도 일단 절도 있게 행동하면 힘이 난다. 이렇듯 강한 힘을 발휘하기 위해서는 자기 몸과 마음의 자세를 똑바로 해야 한다.

⋯ 이력과 평판을 쌓아라 ⋯

함께 더불어 사는 세상에서 극기의 힘을 기르기 위해서는 내적으로 좋은 이력을 쌓아야 하고 외적으로 좋은 평판을 쌓아야 한다. 자기가 쌓은 것이 이력이고 다른 사람이 쌓아 주는 것이 평판이다. 극기력을 강화하기 위해서는 자기 내적으로 이력을 쌓아야 하고 타인에게 좋은 이미지를 전달하여 좋은 평판을 쌓아야 한다.

추운 겨울을 견뎌 낸 소나무가 더 푸르고, 한파 속에서 자란 매화가 진한 향기를 풍긴다. 마찬가지로 강인한 이력을 쌓기 위해서는 힘든 상황을 의연하게 잘 참고 버텨야 한다. 그런 사람은 악조건에서도 강한 힘을 발휘한다. 또 힘들고 어려운 상황에 놓이면 더욱더 비장한 자세로 임한다. 그런 삶을 사는 강인한 전사가 되는 것이 강인한 이력을 쌓는 길이다. 아울러 힘든 상황이 오면 그 상황을 자기 이력을 더 높이 쌓는 기회로 활용해야 한다. 자기 이력을 하나 더 쌓을 수 있는 절호의 기회라고 생각해야 한다.

이와 함께 다른 사람이 늘 자신을 지켜보고 있다고 생각해야 한다. 자기가 하는 일거수일투족이 누군가에게 감시를 당하고 있다고 생각해야 한다. 자기가 하는 말과 행동, 그리고 자기가 일을 대하는 태도를 알게 모르게 누군가 보고 있다고 생각해야 한다. 그러므로 말 한마디를 하더라도 신중에 신중을 거듭해서 말해야 하고 행동 하나를 하더라도 조심스럽게 행해야 한다. 그러한 것들이 모이고 모여 다른 사람들이 당신을 바라보는 평판이 된다. 평판은 하루아침에 만들어지는 것이 아니다.

평판을 쌓아 가는 여정은 멀고도 험하다. 하지만 그 평판이 무너지는 것은 한순간이다. 그러므로 어렵고 힘들어도 내색하지 말고 매사 긍정적인 태도로 임해야 한다.

사람의 진면목은 돈과 권력 앞에서 한 치의 거짓 없이 신랄하게 드러난다. 그러므로 돈과 권력 앞에서는 특별히 조심해야 한다. 또 어렵고 힘든 상황에서도 속내를 드러내지 말아야 한다. 그 어떠한 상황에서도 경거망동하지 말고 올곧은 마음으로 바르게 생활해야 한다. 하지만 그럼에도 불구하고 자기도 모르게 '욱'하는 성격으로 인해 일시에 모든 것을 물거품으로 만드는 사람도 있다. 잘하다가 일순간 불같은 성질로 인해 감정이 폭발하여 사고를 저지르는 사람도 있다. 그러므로 평상시 자기를 잘 단련해야 한다. 올바른 예절을 익히고 그것을 습관화해야 한다. 아울러 기본과 원칙을 준수하면서 바른 성품을 가질 수 있도록 부단히 연마해야 한다. 그래서 악조건에서도 자기를 드러내지 않고 겸손하고 순후한 태도로 사람들을 대해야 한다.

또, 다른 사람을 먼저 생각하는 이타심을 길러야 하고 측은지심과 사양지심으로 타인을 내 몸처럼 사랑해야 한다. 특히 이익이 첨예하게 대립하는 상황에서는 자기가 다소 손해를 보더라도 상대방에게 이익이 되도록 행동해야 한다. 그렇지 않으면 평상시 잘하다가도 결정적인 상황에 자기도 모르게 본색을 드러내게 된다.

사람은 권력 욕구가 있어서 권력을 잡으면 자기도 모르게 겸손해야 한다는 마음을 잊어버리고 남을 다스리려고 한다. 그로 인하여 어렵고 힘든 일은 남에게 시키려고 한다. 그런 태도를 버려야 한다. 그래야 다른 사람에게 좋은 평판을 얻을 수 있다.

사람은 고통보다 쾌락을 좋아하기에 어렵고 힘든 것은 본능적으로 피하려고 한다. 그런 본능을 버리고 타인에게 희생하고 헌신하려는 마음을 가져야 한다. 그래야 다른 사람으로부터 좋은 평판을 얻을 수 있다. 아울러 자기 이력을 키우면서 평판도 함께 키워야 한다. 그렇지 않고 평판이 이력보다 강하면 다른 사람들로부터 사람은 좋은데 실력이 없다고 말한다. 또 이력에 비하여 평판이 저조하면 실력은 있는데 성품이 좋지 않다는 말을 듣게 될 것이다.

11.

머물러
걸어라

⋮

극기력을 강화하기 위해서는 걷는 것도 좋다. 군에서는 군인들의 극기력을 강화하기 위해 완전군장을 하고 행군을 한다. 주야로 걸으면서 자기 한계를 극복하는 훈련을 한다. 행군을 통해 자기와 싸움에서 이기는 군인이 강한 정신력을 가진 극기의 군인이 된다. 이와 마찬가지로 극기력을 강화하기 위해서는 홀로 걷는 것도 좋다. 걸을 때는 아무 생각 없이 걷는 것이 아니라 목적을 가지고 걸어야 한다.

⋯ 마음의 근력을 키워라 ⋯

혼자서 땅끝 마을 해남에서 최북단까지 걸으면서 체험한 것을 책으로 엮은 사람도 있다. 또 신앙인으로서 브라질 산티아고 순례의 길을 걷는 사람도 있다. 발바닥이 갈라지고 실신하기 직전 상태에 이르기까지 순례의 길을 걷는다. 그런 사람을 보면 참으로 대단하다는 생각이 든다. 그런 사람은 극기력이 아주 강한 사람이다. 그런 사람이 되어야 한다.

심적 내력이 강한 사람이 진정으로 극기력이 강한 사람이다. 바이칼 호수의 얼음과 냇가의 살얼음은 같은 얼음이지만 내력의 차이는 크다. 얼음의 두께에 따라 그 얼음이 견디는 하중은 다르다. 이와 마찬가지로 인내와 극기의 층이 두터운 사람이 극기의 힘이 강한 사람이다. 그러므로 그 힘을 두텁게 하기 위해서 마음의 근력을 강화해야 한다. 자기 마음의 근력이 강해야 견뎌 내는 힘도 강하다. 마음의 근력을 강화하는 가장 좋은 방법은 앞서 말한 바와 같이 꾸준히 걷는 것이다.

도(道)는 걸으면서 머리로 생각하는 모습을 딴 형상문자다. 그렇다. 한자의 풀이대로 걸으면서 생각하는 것은 도를 깨닫는 것이다. 즉 걸으면서 자기 삶의 도를 깨달아야 한다. 이것이 도를 깨달은 사람이 일반 사람보다 극기력이 강한 이유이다.

··· 생각의 깊이를 늘려라 ···

교통수단의 발달로 공간의 거리가 가까워졌지만 '바쁘다'와 '빨리빨리'를 입에 달고 살 정도로 생각의 속도가 과거보다 빨라졌다. 이에 반해 생각의 깊이는 옛사람에 비해 무척 얇아졌다. 또 인공위성을 쏘아 올릴 정도로 과학적으로 크게 진보했지만 인문학적으로는 마음의 깊이가 점점 얕아지고 있다. 그래서 현대인은 현대사를 쓸 수 있을 뿐 고전을 쓸 수 없다는 생각을 해 본다. 어쩌면 옛사람에 비해 더 많은 것을 알기에 고전을 깊이 있게 해석하는 능력이 좋아졌다고도 볼 수 있다. 하지만 그것이 전부가 아니다. 기술적인 발달과 인간의 두뇌 발달로 인해 사회는 발달했지만 사람들의 인문학적 깊이는 매우 얕아졌다. 그것은 깊이 있게 생각할 수 있는 시간적인 여유가 없다는 데 그 원인이 있다. 그런 측면에서 볼 때 어떻게 사는 것이 가장 좋은 삶이며 올바른 인간이 되기 위해서는 어떻게 해야 하는가에 대한 성찰의 힘은 옛사람들이 더 강하다고 볼 수 있다. 왜냐하면 옛사람들이 현대인보다 생각의 두께가 두껍기 때문이다. 그러므로 나아갈 수도 없고 물러설 수도 없는 상황에서 머물러 있을 때 여유를 가지고 생각이 깊이를 늘이는 데 주력해야 한다. 그것이 극기력을 강화하는 길이다.

12.

순종하면서
머물러라

:

극기력이 강한 사람이 되기 위해서는 너그럽게 수용하는 능력이 있어야 한다. 즉 무엇이든 받아들이는 순종의 마음이 있어야 한다. 자기에게 주어진 일을 거부하지 말고 긍정적으로 받아들여야 한다. 그것이 자기의 극기력을 키우는 것이다. 기분이 별로 내키지 않는 것이라도 그냥 순순히 받아들이는 사람이 반감을 가지는 사람보다 극기력이 강하다.

얼핏 생각하면 타인의 말에 고집스럽게 불평불만을 토로하는 사람이 내면이 강할 것 같지만 진짜 내면이 강한 사람은 순종하는 사람이다. 그런 사람들은 하기 싫고 불평불만이 있어도 그것을 내색하지 않고 포커페이스를 한다. 그래서 내공이 강하다는 것이다. 다른 사람이 보기에는 포커페이스를 하기에 심약하고 순진한 사람이라고 생각하기 일쑤다. 하지만 그런 사람들도 자기주장을 할 때는 목에 핏대를 세우며 말한다. 마치 야수가 먹이를 노리는 것처럼 날카롭고 냉정하게 말한다. 그래서 그런 사람들이 극기력이 강하다는 것이다.

실제로 성장을 가속화하기 위해서는 포커페이스를 하면서 무엇이든 겸허하게 받아들여야 한다. 그렇게 수용하고 순명하며 긍정적인 사람이 극기력이 강한 사람이다. 즉 극기력이 강하기에 매사 긍정적으로 받아들이고 순응하는 것이다.

사람의 본능은 순명보다는 반항 쪽에 가깝다. 특히 이해관계가 첨예하게 대립하는 상황에서는 심하게 반발을 하기도 한다. 순명하는 마음은 그런 반발심과 이기심을 이겨 낸 마음이다. 툭하면 반항하고 거절하는 어린아이와 같이 투정을 부리는 마음은 미성숙한 마음이다. 하지만 자기 마음에 들지 않아도 대세에 따르는 것이 순리라면 그런 내색을 하지 말고 순순히 받아들여야 한다. 그러한 마음이 자기를 이끄는 마음이고 극기하는 힘이다.

자기의 극기력을 강화하기 위해서는 자기가 정한 목표가 자신의 목표라는 사실을 순순히 받아들여야 한다. 자기가 원하고 바라고 추구하는 것을 온전히 받아들일 수 있어야 한다. 그러한 마음을 가져야 한다. 그것이 자기를 일어서게 하고 전진하게 하는 힘이 된다. 아울러 자기가 세운 목표가 반드시 달성될 것이라는 확신을 가져야 한다. 그런 사람은 그렇지 않는 사람에 비하여 목표에 매진하는 힘의 세기가 다르다. 또한 목표를 자신의 목표로 받아들이는 사람은 어떠한 경우에도 쉽게 포기하지 않는다. 그런 사람이 극기력이 강한 사람이다.

반면에 자기가 세운 목표가 남의 목표인양 생각하는 사람은 자기가 세운 목표는 형식적으로 정한 목표라고 생각하는 경향이 있다. 그래서 목표와는 상관없이 그냥 주어진 대로 사는 것이 가장 원만한 삶이라고 생각한다.

창조론을 믿는 사람은 신이 세상을 창조했고 조물주가 있을 것이라는 사실은 순순히 받아들인다. 반대로 진화론을 믿는 사람은 조물주가 있다는 사실을 받아들이지 않는다. 그렇다고 진화론을 믿는 사람이 그르다는 것은 아니다. 그에 따른 정답은 아무도 모른다. 오로지 신만이 알 수 있을 뿐이다. 인간이 신이 아닌 이상 신이 있다 혹은 신이 없다고 말할 수 없다. 신이 있는지 없는지는 아무도 모른다. 그러한 상황에서 신이 있다고 생각하는 사람은 신이 있다는 것을 받아들인다. 그래서 신을 경외하고 신의 은총에 감사하고 경배한다. 그에 반해 신이 없다고 생각하는 사람은 신이 없다는 생각으로 일상생활을 한다. 반면에 신이 있다고 믿는 사람은 신의 계시에 순종한다. 그래서 신앙으로 극기력을 강화한다. 하지만 신이 없다고 생각하는 사람은 평생 신을 믿지 않고 산다. 같은 하늘 아래에서 살고 있는데 어떤 사람은 신이 있다는 사실을 받아들이고 신앙생활을 하는 반면에 어떤 사람은 신이 없다고 생각하며 산다. 이렇듯 받아들이는가 받아들이지 않은가 혹은, 수용하는가 수용하지 않는가의 문제는 그 뒤에 따라오는 행위에 결정적인 영향을 준다. 순순히 받아들이면 거리낌 없이 행동하고 수용하지 않으면 행동하기를 꺼린다. 그러므로 극기력이 충만한 사람처럼 적극적으로 행동하기 위해서는 가능한 모든 것을 수용하고 받아들여야 한다. 그래야 극기력이 향상된다.

일반적으로 많은 사람들이 극기력을 참고 견디는 힘이라고 생각한다. 물론 그 말도 일리는 있다. 자기가 하고 싶어도 하지 말아야 하는 상황이라면 참아야 하고, 자기가 하기 싫어도 해야 하는 상황이라면 해야 하기 때문이다. 그것은 수용과 받아들임에서 온다. 그래서 극기는 인내이기 이전에 받아들임의 행위다.

극기력은 수용의 힘이다. 수용의 정도가 극기력의 정도다. 순순히 수용하면 극기를 발휘하는 데 수월하다. 그렇지 않고 해야 할까 하지 말아야 할까, 포기해야 할까 포기하지 말아야 할까 라는 선택의 기로에서 갈등하면 극기력이 생기지 않는다. 그러므로 극기력을 강화하기 위해서는 자기에게 주어진 바를 순순히 받아들여야 한다.

13.

머물러
현실을 직시하라

:

극기력을 강화하기 위해서는 자기의 힘을 길러야 한다. 그러기 위해서는 먼저 자기 힘이 어느 정도인지를 알아야 한다. 자기가 힘이 세다고 다른 사람을 다 이길 수 있는 것은 아니다. 손자병법에서 말하듯 지피지기해야 한다. 즉 자기의 실력을 기르는 것도 좋지만 다른 사람에 비해 자기가 어느 정도의 힘을 가지고 있는가를 알아야 한다. 그래야 자기 실력으로 상대방과 싸우면 이길지 질지를 예측할 수 있다. 무작정 이길지 질지를 모르는 싸움을 하는 것은 어리석은 짓이다. 고수는 상대방과 싸우기 전에 자기가 이길지 질지를 어느 정도 예감한다. 자기 주관을 버리고 지극히 객관적으로 자기의 힘과 타인의 힘을 비교하기 때문이다.

별로 실력이 없는데 마치 거창한 실력인양 자랑스럽게 말하는 사람도 있고, 남이 보기에 초보 수준의 실력인데 자기 생각에 대단한 실력이라고 착각하는 사람들도 있다. 그런 사람들은 자기 자신을 잘 알지 못하는 사람이다. 자기 자신을 잘 안다는 것은 궁극적으로 타인이 자기를 어떻게 보고 있는가를 아는 것이다. 또 자기에게 주어진 상황에서 자기가 어떤 생각과 행동을 해야 하는지를 아는 것을 말한다. 그래서 자기 계발을 한다는 것은 자기의 진면목을 알아 가는 과정이라고 말한다. 대학에서도 배우고 익히는 과정은 사람이 사람다워지는 과정이라고 말한다.

이처럼 극기력을 강화하기 위해 자기의 처지를 먼저 알아야 하는 이유는 자기가 처한 상황에 따라 언행을 달리해야 하기 때문이다. 나설 것인지 혹은 뒤에 숨어 있을 것인지를 생각해서 올바른 선택과 결정을 내려야 한다. 그래야 타인과 서로 공감하고 병존하며 공생하는 삶을 살 수 있다. 그렇지 않고 시도 때도 없이 무턱대고 함부로 나서다 보면 정신병자 취급을 받을 수 있다. 그래서 어떤 조직이든 신입 사원에게는 3년의 수습 기간을 둔다. 3년 동안 조직에서 살아남기 위해 어떻게 처신해야 하고 자기에게 주어진 역할과 책임을 올바르게 인식하게 하기 위해서다.

그러므로 낯선 곳에 가거나 새로운 곳에 편입하면 어느 정도 주변 상황을 인지해서 눈치껏 해야 한다. 그렇지 않고 자기 멋대로 행동하거나 타인을 배려하지 못하는 사람은 자기 위치를 망각한 사람이라고 멸시를 받게 될 것이다.

… 욕심을 버려라 …

극기의 차원에서도 자기와 싸움하지 않으려면 자기 안에 있는 자기를 내려놓아야 한다. 그래야 그로 인해서 자기를 다잡을 수 있다. 내 안에 내가 없으면 내가 나와 싸울 수 없다. 그 상태가 가장 좋은 극기의 상태다. 내 안에 또 다른 내가 있으면 늘 싸우게 마련이다. 내 안의 또 다른 나는 원숭이와 개의 관계처럼 서로 앙숙이다. 그래서 둘이 만나면 늘 싸운다. 그러므로 그 싸움에서 이기기 위해 전략을 짜지 말아야 한다. 왜냐하면 자기가 자기와 싸우면 이기고 지는 것은 바로 자기 자신이기 때문이다.

자기 안에 있는 자기와 싸움을 하지 않는 가장 좋은 방법은 자기 안에 있는 소유의 욕구를 버리는 것이다. 소유의 욕구를 버린다는 것은 자기 욕심과 이기심을 모두 내려놓는다는 것을 의미한다.

특히 조직 생활에서 극기력을 강화하기 위해서는 자신의 기득권을 내려놓아야 한다. 그래야 타인을 먼저 생각하는 마음이 생긴다. 나아가 타인의 욕구를 채워 주는 선한 행동을 하게 된다. 자기 욕구를 내려놓는 것에서 초월하여 타인의 이익을 취할 수 있도록 자기 것을 아낌없이 내어놓는다. 그런 사람이 극기력이 강한 사람이다.

… 지금 머무르는 자리가 꽃자리다 …

때로는 안분지족의 삶이 극기력 강화에 도움이 된다. 대개 오래도록 버티지 못하는 이유는 만족하지 못하기 때문이다. 그래서 기회만 되면 벗어나려는 생각을 한다. 그런 생각이 극기력을 저하시킨다.

모든 사람들은 꿈을 꾼다. 또 그 꿈을 생각하면서 현실의 불평불만에서 오는 고통을 감내한다. 고통스러운 현실에서 벗어나 자신이 원하는 꿈을 이루고 싶기 때문이다. 하지만 그런 생각은 꿈 때문에 현실을 혹사시키는 결과를 낳는다. 그러므로 이왕에 사는 삶이라면 현재도 재미있고 이상향도 꿈꾸며 희망차게 살아야 한다. 그런데도 많은 사람들이 현실을 부정하며 산다. 습관적으로 불평하는 사람도 있다. 하지만 그런 습관은 결코 자기에게 이로움을 주지 않는다. 그러므로 자기를 위해서 불평불만을 최소화해야 한다.

그러기 위해서는 현재 처한 자신의 처지에 감사하는 안분지족의 삶을 살아야 한다. 자기에게 주어진 현실을 부정하기보다는 자기에게 주어진 바를 온전히 받아들이고 범사에 감사하는 삶을 살아야 한다. 그래야 극기력이 강화된다. 그렇지 않고 현실을 부정하며 미래의 꿈속에서 허덕이는 것은 미래의 1분의 기쁨을 위해 현재의 10시간의 고통을 참는 것과 같다.

자기가 바라는 꿈을 이루기 위해 현재를 고통스럽게 사는 것은 불행이다. 우리의 삶의 목표는 행복에 있다. 행복한 삶을 영위하기 위해 현재를 사는 것이다. 그러므로 내일의 행복을 위해서 오늘을 희생하는 것이 아니라 오늘을 행복하게 사는 데 주력해야 한다. 그렇지 않고 언제 올지 모르는 미래의 행복을 위해서 오늘을 고통스럽게 사는 것은 불행한 생활을 자처하는 것과 같다.

행복한 인생을 살기 위해서는 오늘 처한 자기 삶에 안분지족해야 한다. 또 자기 삶의 평화를 느끼고 자기 삶을 안정되게 이끌어야 한다. 현재를 즐겁게 사는 사람이 미래도 즐겁게 살 확률이 높다. 그러므로 현재 자기에게 주어진 삶에 충실해야 한다.

젊을 때 뼛골 빠지게 일하고 늙어서 병치레만 한다면 결코 행복한 인생을 살았다고 볼 수 없다. 그런데 막상 처한 현실은 미래의 꿈을 포기하고 안분지족한 삶을 살지 못하게 한다. 그러다 보니 꿈을 향하여 뼛골 빠지도록 자신을 혹사하면서 산다. 결국에는 훗날 그것이 화근이 되어 만성 질병에 시달리게 될 것이라는 것을 알면서도 매일 녹초가 되도록 일을 한다. 하지만 그런 삶을 지양해야 한다. 그렇게 뼛골 빠지게 고생하지 않아도 욕심을 버리고 안분지족의 삶을 산다면 얼마든지 즐겁게 살 방법은 많다.

주어진 현실에 안분지족하는 삶은 행복한 에너지를 충전시켜 주는 역할을 한다. 그러니 현재 삶이 즐거울 수밖에 없다. 또 매사 긍정적인 생각을 갖게 하고 여유를 갖게 한다. 그래서 불평불만이 줄어든다. 그로 인해 활력에 찬 극기력이 생기는 것이다. 반면에 자칫 잘못하면 매너리즘에 빠져 현재 생활에 안주하게 하는 부작용도 있다. 현실에 안주한 나머지 미래의 큰 세상으로 나아가려는 도전정신이 약화되는 것이다. 그러므로 안분지족의 삶을 살되 미래의 새로운 삶을 개척하기 위한 노력도 함께 해야 한다.

부자가 계속해서 부자가 되는 이유는 풍요로운 생각을 하기 때문이다. 가난한 사람은 가난에서 벗어나기 위해 생각할 여유도 없이 바쁘게 살기 때문에 부자가 되지 못하는 것이다. 반면에 부자들은 늘 마음이 풍요롭기 때문에 여유를 충분히 즐긴다. 그래서 하는 일도 잘되고 좋은 기운이 그들에게 쏠린다. 부자들은 철저히 좋은 생각을 하면 좋은 일이 생긴다는 긍정의 법칙에 입각하여 안분지족하는 삶을 산다. 좋은 일을 생각하면 좋은 일이 생기고 나쁜 일을 생각하면 나쁜 일이 생기게 마련이다. 그러므로 부자가 되고 행복한 사람이 되기 위해서는 가난해도 마음은 부자처럼 안분지족의 삶을 살아야 한다.

14.

머물러
경청하라

⋮

    경영의 구루인 미국의 피터 드러커 (Peter Ferdinand Drucker)는 사람이 많으면 많을수록 그 사람 수에 상응하는 정도의 갈등으로 인해서일의 능률이 저하가 된다고 말한다. 그러한 갈등을 최소화하는 것도극기력 강화에 도움이 된다. 온전히 극기력을 발휘하기 위해서는 가능한 한 마음에 갈등이 없어야 하기 때문이다. 그러므로 사람과 함께할 때는 가능한 한 말수를 줄여야 한다. 또 자기의 말수를 줄이기위해서는 남의 말을 잘 들어야 한다.

    입으로 들어가는 것보다는 입에서 나오는 것이 더 더럽다는 말이있듯이 사람과 사람 간의 갈등을 없애기 위해서는 입에서 나오는 말수를 줄여야 한다. 왜냐하면 사람과 사람 간의 갈등은 대부분 말에서 비롯되기 때문이다. 아무리 좋은 말을 해도 말이라는 것은 하면할수록 갈등을 불러오기 마련이다.

'다언삭궁(多言數窮)'이라는 말이 있듯 말이 많으면 자주 곤란에 처하게 된다. 그 정도로 말이 미치는 영향은 크다. 그러므로 극기력을 강화하기 위해서는 가능한 한 말을 많이 하지 말고 경청해야 한다. 다른 사람에게 말을 할 때는 머리를 비우기에 개운한 느낌을 받지만 말을 하고 나면 상대방이 내 말을 듣고 어땠을까를 고민하게 된다. 성격이 시원시원한 사람도 자기가 한 말을 복기하면서 갈등을 한다. 자기가 하는 말에 무슨 흠은 없는지 자기가 했던 말로 인해서 다른 사람이 얼마나 많은 상처를 받는지를 생각한다. 그래서 그것이 결국은 상호 갈등 관계에 놓이게 된다. 그러므로 가능한 한 말을 많이 하지 말아야 한다. 말을 많이 해서 이익을 보는 경우보다 손해 보는 경향이 더 많다.

그렇다고 사람을 만나지 않고 혼자 살 수는 없다. 가장 좋은 경우는 자기가 말을 하는 것보다 가능한 상대의 말을 많이 들어주는 것이다. '이청득심'이라는 말이 있다. 다른 사람의 말을 들어주면 그 사람의 마음을 얻는다는 말이다. 경청, 즉 다른 사람의 말을 들어주는 것은 다른 사람을 내 편으로 만드는 신비한 힘을 가지고 있다. 남의 말을 들어주는 것은 내가 당신을 인정한다는 묵시적인 의사 표현이기 때문이다.

또 자기의 말수를 줄이기 위해서는 상대방에게 질문을 많이 하는 대화 스킬을 쓰는 것이 좋다. 가능한 한 상대방에게 질문을 던짐으로써 상대가 말을 많이 하도록 유도하는 것이 좋다. 말을 들어서 갈등이 많아지는 경우는 적다. 모든 근심 걱정과 갈등은 입 밖으로 나가는 말에 의해 생긴다. 그렇다고 갈등이 백해무익한 것은 아니다. 행복학자들은 갈등을 없애 가는 과정이 행복이라고 말한다. 그렇다. 행복은 갈등을 조금씩 줄여 가는 과정이다. 행복한 상태가 극기력이 강한 상태다. 결과적으로 갈등을 줄여 가는 과정, 갈등이 가능한 한 생기지 않도록 행동하는 과정이 극기력을 강화하는 과정이다.

… 침묵의 때가 있다 …

언제 침묵해야 하는가? 언제 나서지 말아야 하는가? 언제 숨을 죽이고 있어야 하는가? 자칫 잘못하다가는 궁지에 몰리거나 오해를 받을 수 있을 시점에는 침묵해야 한다.

명심보감에서는 오이 밭에서는 양말을 신지 말아야 하고 사과나무 아래에서는 갓을 고쳐 쓰지 말라고 말한다. 자칫하면 오해를 받기 때문이다. 자기가 진실하고 투명하고 솔직해도 억울하게 누명을 쓰는 경우가 생길 수 있다. 대개는 까마귀 날자 배 떨어지는 형국에 처한 경우에 그런 일이 많이 발생된다. 그런 경우에는 일부러 나서서 자신의 과오가 아니라고 항변을 늘어놓는 것은 결코 바람직하지 않다. 자기가 잘못이 없어도 일부러 나서지 말라는 것이다. 그냥 가만히 소리 죽여 물밑에서 추이를 지켜보면 된다. 그러면서 결정적인 시점에 촌철살인의 말로 해명을 해야 한다.

하지만 마녀사냥에 걸려들거나 자신의 의도와는 전혀 다른 방향으로 일이 흘러갈 조짐이 보이면 다수의 사람들이 알 수 있도록 공개해서 여론을 등에 업어야 한다. 술수를 부리는 사람들은 자신의 모습이 뭇 사람들에게 드러나는 것을 가장 곤란하게 생각한다. 그러므로 죄가 없고 당당하다면 여론에 드러내서 여론의 힘을 등에 업어야 한다. 언론 플레이를 하는 것이다. 이 말인즉 침묵할 때는 완전히 몸을 숙이고, 나서야 하는 경우에는 적극적으로 나서야 한다는 것이다.

그러기 위해서는 침묵하는 시점에 웅비의 그 순간을 생각하면서 준비해야 한다. 아울러 나서야 하는 때는 시나브로 나서야 한다. 너무 요란하면 증거들이 꼬리를 감출 수 있기 때문이다.

나서야 하는 시점 중 가장 좋은 시점은 다른 사람들이 나서 주었으면 하는 시점이다. 자기가 먼저 나서는 것도 좋지만 오래도록 살아남기 위해서는 다른 사람이 나섰으면 하고 바라는 시점에 나서야 한다. 아울러 침묵하면서 적정하게 준비하는 것이 좋다. 배우는 사람이 준비가 되면 스승이 나선다는 말이 있듯이 침묵하면서 준비하면 그 준비에 기인하여 나서야 하는 시점이 무르익게 된다. 그 시점에 나서야 한다. 준비가 완료된 시점과 상대방이 원하는 시점이 만나는 시점이 나서기에 가장 좋은 시점이다. 아울러 스스로 나서야 하는 시점을 잡기 위해서는 자기 실력으로 다른 사람과 경쟁해도 이겨 낼 수 있는 시점에 나서야 한다.

일반적으로 환자가 퇴원하는 시점은 스스로 면역력을 견뎌 낼 수 있는 시점이다. 퇴원해도 바이러스에 쉽게 감염되지 않고 면역력이 어느 정도 확보된 시점에 퇴원을 한다. 마찬가지로 나설 때는 남에게 떠밀려서 나서거나 준비가 되어 있지 않는 상태에서는 나서지 말아야 한다. 어정쩡한 상태에서는 나서지 말라는 것이다. 그렇지 않고 어떻게든 잘 되겠지 하는 요행수를 노린다면 그 요행으로 인해 요절당한다.

15.

머물러
극기 환경을 조성하라

:

    사람은 환경의 동물이다. 환경에 의해서 마음과 행동의 변화가 일어난다. 다시 말해서 환경이 바뀌면 그로 인해 마음이 바뀌고 마음의 변화에 기인하여 행동이 변한다. 그래서 마음과 행동의 변화를 촉구하기 위해서는 우선적으로 환경을 변화시켜야 한다. 슬픈 곳에서는 슬픔을, 기쁜 곳에서는 기쁨을, 더운 곳에서는 더움을, 추운 곳에서는 추움을 느낀다. 즉 환경과 마음과 행동이 함께한다.

    인간에게 있어서 환경은 특정한 감정을 갖도록 한다. 환경을 조성하는 것은 감정의 분위기를 조성하는 것이다. 좋은 환경을 조성하면 좋은 분위기 속에서 생활하고 좋지 않은 환경에 처하면 좋지 않는 분위기 속에서 생활한다. 물론, 환경에 지배되지 않는 사람도 있다. 자기 주도적이고 의지가 강한 사람은 주변 환경에 쉽게 휘둘리지 않는다. 하지만 그것 역시도 환경에 지배되지 않기 위해 환경과 치열한 전투를 한다는 점에서 이미 환경에 지배되고 있는 것이라고 볼 수 있다.

인간이 환경에 의해 직간접적으로 생활에 영향을 받기에 인간을 환경의 동물이라고 말한다. 인간이 영향을 받는 환경에는 외적인 환경과 내적인 환경이 있다. 가시적으로 보이는 환경은 외적인 환경이고 내적으로 느껴지는 감정은 내적인 환경이다. 그리고 환경의 변화는 외부 환경에 의해서 내부 환경이 변하기도 하고 내적 환경에 의해서 외적 환경이 바뀌기도 한다. 그런데 중요한 것은 사람마다 그 사람의 역량에 의해 환경을 달리 인식한다는 것이다.

　동일한 외적인 환경을 보고 어떤 사람은 긍정적인 내적 환경을 갖지만 어떤 사람은 부정적인 내적 환경을 갖는다. 바로 그러하다. 동일한 감정 상태에서도 외적인 환경에 의해 감정이 변화되는 정도는 다르다. 이것은 사람마다 환경의 영향에 의해서 변화되는 정도가 변화무쌍하다는 걸 의미한다.

　사람들은 자기가 가진 역량에 의해 환경을 달리 인식한다. 동일한 환경에서도 바라보는 관점에 따라 그 의식을 달리한다는 것이다. 이유야 어떻든 사람은 환경에 의해 영향을 많이 받는다. 자기가 아무리 환경에 의해 지배를 당하지 않으려고 해도 결국 그 환경에 빠져든다. 그래서 극기력이 강한 사람들은 환경에 지배되지 않기 위해 위험한 환경에 처하면 그 환경에서 즉시 벗어난다.

　목전에 닥친 문제를 해결하기 위해서는 문제에서 벗어나 생활하라고 말한다. 문제에 파묻혀 있으면 그 문제 해결에 필요한 본질을 보지 못하기 때문이다. 그래서 문제에서 벗어나 제 3자의 위치에서 문제를 객관적으로 바라봐야 문제를 해결할 수 있다. 그만큼 인간은 주어진 환경에 의해서 영향을 많이 받기 때문에 극기력을 강화하기 위해서는 환경에 지배당하지 않도록 주의해야 한다.

아울러 자기의 극기력이 약해지고 있다는 생각이 들면 먼저 극기력을 강화시키기 위한 환경을 조성해야 한다. 자기가 접하는 내적·외적 환경을 극기력을 강화하기에 좋은 환경으로 만드는 것이다. 그래서 극기력을 강화하는 데 힘써야 한다.

··· 자동화 프로세스 환경을 조성하라 ···

극기력을 강화하는 가장 좋은 환경은 특별히 극기력을 강화하기 위한 액션을 취하지 않아도 자동적으로 흘러가는 프로세스나 시스템을 만드는 것이다. 사람은 뭔가를 한다는 것을 매우 귀찮게 생각하는 존재다. 그냥 아무 생각 없이 지내는 것을 선호한다. 뭔가 주의를 기울여야 하고 긴장해야 한다고 생각하는 것 자체를 무척 싫어한다. 그래서 대개 반복해서 하는 것을 습관화한다. 신경 쓰지 않고 자연스럽게 일이 흘러가는 것을 선호하기 때문이다.

그래서 생산 현장에서도 사람들이 반복적으로 관여해서 해야 하는 일은 자동화하고 있다. 인력에 드는 비용을 아끼려는 의도도 있지만 가장 중요한 것은 사람마다 품질 편차가 있기에 자동화하는 것이다.

극기의 측면에서도 아무 생각 없이 해야 하는 일이고 별로 중요하지 않는 일이라면 생산 라인을 자동화하듯 그 일이 습관적으로 하도록 만들어야 한다. 그래서 극기력이 필요하지 않는 일로 만들어야 한다.

··· 회복탄력성을 길러라 ···

사노라면 자기가 생각하지 못한 상황에서 뜻하지 않는 사고가 발생될 수 있다. 그러한 역경이 닥쳐도 단념하지 말고 참고 일어나야 한다. 어렵고 힘들어도 다시금 일어서는 회복탄력성이 강한 사람이 극기력이 강한 사람이다. 넘어지고 엎어져도 다시금 훌훌 털어버리고 일어서는 힘이 강해야 한다.

넘어지면 다시 일어서는 것이 극기다. 실수나 실패를 했다고 주저앉는 것이 아니라 자기가 하고자 하는 바를 열정을 다해서 참고 견뎌 내는 것이 진정한 극기의 힘이다. 이때 다시금 일어설 때는 남과 다른 차별화된 자기만의 비법을 창안하여 다시금 무너지지 않는 견고한 아성을 쌓아야 한다. 일례로 손가락 하나가 절단됐다면 손가락이 다섯 개일 때의 피아노 주법이 아닌 손가락 네 개로 연주하는 자기만의 특별한 주법을 창안하여 손가락 다섯 개를 가진 사람은 결코 모방할 수 없는 특별하고 현란한 주법으로 천상의 아름다운 화음을 자아내야 한다.

16.

인생
별것 아니다

⋮

   인생 별것 아니다. 그러므로 인생을 살아가는 데 있어서 전략이고 뭐고 너무 복잡하게 생각하지 말아야 한다. 그냥 단순하게 생각하자.

   무엇이든 마음먹고 노력하면 어느 정도 자신이 원하는 삶을 살 수 있다. 하지만 그렇다고 자기가 원하는 완벽한 삶은 살 수 없다. 농부가 아무리 애써 농사를 지어도 하늘이 도와주지 않으면 안 된다. 모든 것은 운에 달려 있다. 그러므로 한 평생을 사는데 일이 안 풀린다고 너무 걱정하지 말고 일이 잘 풀린다고 자만하거나 기뻐하지도 말아야 한다.

   인생사 새옹지마다. 빈손으로 와서 빈손으로 가는 것이 인생이다. 그러므로 너무 복잡하게 생각하지 말아야 한다. 그냥 사는 것이다. 그냥 주어진 생활 속에서 행복하게 살면 된다. 그러면 마음이 평온하다. 그런 상태가 극기하기에 가장 좋은 상태다. 마음이 여유가 있고 생각이 가벼우면 극기력도 향상된다.

… 죽으면 그만이다 …

목숨 걸고 도전하면 안 되는 일이 없다. 세상사 별것 아니다. 사후 세계가 있다고는 하지만 사후 세계는 아무도 모른다. 그러므로 살아 있을 때 잘 살아야 한다. 죽으면 아무 소용없다. 자기를 위해 대신 죽어 줄 사람은 없다. 누구나 목숨은 하나다. 목숨을 여러 개 가진 사람은 없다. 남녀노소를 불문하고 목숨은 하나다. 그러므로 그런 소중한 목숨이 살아 있는 한 무엇을 하든 사활을 걸 정도로 열심히 살아야 한다.

우리는 언제 죽을지도 모르는 삶을 살기에 사는 동안 열심히 살려고 한다. 죽음이 있기에 삶이 소중하고 귀하게 느껴지는 것이다. 그렇다. 목숨보다 귀한 것은 아무 것도 없다. 아무리 많은 재산을 가지고 있어도 죽으면 소용없다. 그러므로 너무 고통스럽게 생각하며 어렵고 힘들게 살 필요 없다. 강한 자가 오래 살아남는 것이 아니라 오래 살아남는 자가 진정 강한 자다.

17.

머물러
과거를 돌아보라

:

과거에 얽매이면 현재에 최선을 다하지 못하게 되고 미래로 나아가는 데 장애가 된다. 그러므로 과거에서 벗어나야 한다. 과거에서 벗어나 현실에 최선을 다하고 미래를 위해 선전해야 한다. 하지만 그것이 결코 완벽한 정답은 아니다.

보수와 진보라는 측면에서 진보적인 성향을 가진 사람은 응당 그렇게 말한다. 발전적으로 진화하기 위해서는 진보 성향을 가진 사람들 입장에서는 무게중심을 현재에 두어야 하기 때문이다. 반대로 보수적인 사람들은 과거를 고수하려고 한다. 과거의 역사와 전통을 무시하고 발전적인 미래를 추구하는 것은 올바른 처사가 아니라고 말한다.

어느 것이 옳다는 말을 하려는 것이 아니다. 둘 다 정답일 수도 있고 아닐 수도 있다. 앞으로 나아갈 때는 경주마처럼 곁을 바라볼 겨를 없이 달려야 하고 전통을 고수할 때는 과거로 거슬러 올라가야 한다. 그래서 온고지신이라고 한다. 옛것을 토대로 새로운 것을 배운다는 말이다. 배우고 익히는 것은 과거를 통해서 배우고 익혀 새로운 것을 접목하여 그보다 더 새로운 것을 창조해야 한다. 그것이 진정한 배움이다. 결과적으로 과거와 현재와 미래가 어우러진 삶이 가장 이상적인 삶이다. 아울러 과거를 떠올려야 하는 적정한 시점에서는 과거를 떠올려야 한다.

첫째, 슬럼프에 빠져 있을 때다.

스포츠 스타들도 잘 나가다가 슬럼프에 빠지게 되면 과거에 자기가 제일 잘하던 시절의 동영상을 보면서 정신력을 강화한다. 슬럼프 상태에서 과거의 잘나가던 때를 생각하면서 그 시절의 리듬과 감각을 다시금 일깨우기 위해서다. 그런 경우에는 과거를 생각해야 한다.

둘째, 반성하고 성찰해야 할 때다.

자신이 살아온 삶을 반성하고 복기하는 사람이 보다 의미 있고 유익한 삶을 산다. 자기 삶을 돌아보지 않는 사람은 올바르게 진화하지 못한다. 바둑의 고수들이 실력을 늘리기 위해 바둑을 마친 후 복기를 하듯 지내온 삶을 돌아봐야 한다.

셋째, 방향 전환을 할 때다.

고속도로를 주행할 때 앞차를 추월하기 위해서는 백미러를 보고 옆 차선에서 차가 오는지를 확인한다. 이처럼 방향 전환을 할 때는 뒤를 돌아봐야 한다. 그렇지 않고 무작정 차선 변경을 하거나 방향 전환을 하면 대형 사고가 발생하기 마련이다.

삶에서도 변화를 가져야 할 때는 주변을 살피면서 방향을 바꿔야 한다.

넷째, 뿌리를 찾을 때다.
현재 여기에 자기를 있게 한 사람이 누구인가를 알기 위해서는 과거를 돌아봐야 한다. 자기 과거는 물론 선조들의 과거까지 배우고 익혀야 한다. 그래서 자기가 어떤 족보를 가지고 있으며 자기의 뿌리가 어디인지를 알아야 한다.

역사는 반복되기 마련이다. 그러므로 과거의 자기 역사를 통해서 현재에서 자기의 미래를 예측해야 한다. 그러기 위해서는 과거를 알아야 하고 과거를 통해 미래를 예측할 수 있는 능력을 길러야 한다. 또 자기가 선조들에게 어떤 유전자를 물려받았으면, 그중에서 계승하고 발전시켜야 하는 것은 무엇인지를 알아야 한다. 그래서 전통을 중요시하는 것이다.

다섯째, 추억을 돌아볼 때다.
추억을 돌아볼 때는 과거를 돌아봐야 한다. 누구에게나 평생 잊고 싶지 않는 추억이 있다. 그런 추억은 자주 돌아봐야 한다. 그래서 그 추억을 통해서 자신의 삶에 활력을 불어넣어야 한다. 그것이 삶을 행복하게 만드는 기반이 된다. 간혹 살아가면서 과거의 추억을 생각해야 하는 것은 행복감을 느끼기 위해서다. 자기 삶이 힘들고 고달프다면 가끔은 과거의 소중한 추억을 돌아봐야 한다. 그래서 자기의 삶을 보다 행복하게 이끌어야 한다. 자기 삶이 행복한 삶이라는 것을 알아야 한다. 자기의 삶이 행복하고 소중한 삶이라는 것을 느껴야 한다.

한편, 과거를 돌아봐서는 안 되는 때도 있다.

잃어버린 시간, 쏘아 버린 화살, 해 버린 말은 다시 주워 담을 수 없다. 잃어버린 시간은 다시 돌릴 수 없고 날려 버린 화살은 다시 돌아오게 할 수 없으며 한번 입 밖으로 내뱉은 말은 주워 담을 수 없다. 마찬가지로 과거를 돌이켜 봐야 아무 소용이 없는 경우에는 일부러라도 지워 버려야 한다. 일례로 이미 죽은 사람은 결코 살아 돌아올 수 없다. 그러므로 돌이킬 수 없을 것에 얽매여서 죽은 자식 불알을 만지는 것과 같은 행동은 하지 말아야 한다. 또 사람의 힘으로 할 수 없는 것, 절대로 회복이 불가능한 것, 아무리 애를 써도 인위적으로 해결이 안 되는 것에는 여운을 갖지 말아야 한다.

결과적으로 과거를 돌아봐야 할 필요가 있을 때만 과거를 돌아봐야 한다. 그렇지 않고 매몰 비용 때문에 혹은 어쩔 수 없이 인정에 이끌려 과거와 단절하지 않으면, 결국 과거에 갇히게 된다.

18.

머물러
패턴을 읽어라

⋮

무슨 일이든 때를 알아야 그때에 맞춰 적합한 행동을 취할 수 있다. 그렇지 않고 때를 잘 맞추지 못하면 주변의 방해로 인해 힘든 상황이 발생한다. 그러므로 때를 잘 잡아야 한다. 그래야 마치 바람의 힘에 의해서 배가 순탄하게 나아가듯 자기가 원하는 방향으로 순항을 거듭할 수 있다. 그렇다면 좋은 때를 잡기 위해서는 어떻게 해야 하는가? 우선적으로 좋은 때를 잡기 위해서는 주변 상황을 잘 알아야 한다. 즉 자신이 좋은 때에 맞춰 행동을 하기 위해서는 주변 상황에 통달해야 한다. 그래서 때를 잘 잡는다는 것 혹은 때를 잘 안다는 것은 돌아가는 판세와 주변 상황을 잘 안다는 것을 의미한다.

아는 만큼 미래를 읽을 수 있다. 또 과거를 알아야 그 과거를 기반으로 미래를 예측할 수 있다. 이와 마찬가지로 때를 잘 알기 위해서는 그 분야의 전문가가 되어야 한다. 그 분야의 역사적인 배경과 현재 상황, 그리고 주변 여건에 대해서 잘 알아야 한다. 그래야 과거의 패턴과 현재의 패턴을 비교 분석하여 미래의 패턴을 예측할 수 있다. 그러한 통찰력을 가지고 있어야 미래에 대한 불안감이 적다. 일례로 현재 지점에서 목표 지점까지의 거리를 알고 현재 주행 속도가 얼마인지를 알면 현재 지점에서 목표 지점까지 가는 데 시간이 얼마나 소요될 것이라는 것을 어느 정도 예측할 수 있다. 그래서 적정한 때를 잡아내기 위해서는 과거의 패턴과 현재의 패턴을 알아야 한다는 것이다.

에필로그

:

극기는 순례의 여정이다

극기를 생각하니 극기해야 한다는 생각을 하게 된다. 더불어 이렇게 극기에 대한 책을 쓰고 나니 전과는 달리 극기력이 더 강한 사람으로 무장해야 한다는 생각이 든다.

극기는 습관에 대한 저항이고, 행복의 씨앗이며, 자기가 아닌 자기를 찾는 여정이다. 또 극기를 한다는 것은 참된 나, 양심에 입각한 나, 사회적인 이치에 부응하는 나, 현실에 적합한 나를 만들어가는 여정이라는 생각이 든다. 그러한 여정에 부지런한 삶을 살아야 하고 행복감을 충족시켜야 한다. 그렇다. 행복감이 충만한 상태가 극기력이 충만한 상태다. 즉 행복한 삶을 살기 위해서 하고 싶어도 참아야 하고 하기 싫은 것도 기꺼이 할 수 있어야 한다.

극기해야 하는 상황에 처했을 때 선택의 기준이 되는 것은 행복이다. 행복한 선택에 기인하여 자기를 이끄는 힘이 극기의 힘이다. 아울러 지금 당장은 힘들어도 내일이면 행복이 도래한다는 생각으로 기꺼이 고통마저 즐겁게 받아들여야 한다. 그래서 극기의 여정은 행복한 습관을 갖추기 위해 힘든 상황을 견뎌야 하는 자기와 싸우는 여정이다. 더불어 주어진 현실을 회피하는 자기가 아닌 주어진 현실에 맞는 자기가 되어 가는 과정이다.

그러한 과정에서 중요한 것은 참된 자아를 발견하는 것이다. 즉 참된 나를 발견하는 혜안이 있어야 한다. 자기의 두 얼굴 중 참된 자기가 누구인지를 알아야 한다. 그래서 힘든 상황에 처하면 위선의 자아가 아닌 참된 자아로 맞서 싸워야 한다. 그런데 많은 사람들이 자기 마음 안에 있는 참된 자기로 살기보다는 타인의 눈에 드는 자기로 살려고 한다. 자기 맘에 드는 자기로 살기보다는 다른 사람이 보기에 괜찮아 보이는 자기로 살려고 한다. 또 고통과 아픔보다는 쾌락과 즐거움을 취하려고 한다. 그러므로 극기를 하기 전에 참나를 먼저 찾아야 한다. 그래서 참나가 진정으로 원하는 행동을 통해 극기력이 충만한 삶을 살아야 한다.

극기는 자기 삶의 철학을 발견하는 순례의 여정이다. 극기하고 있는 자기가 진정한 자기인지, 극기하는 행동이 정말로 자신의 삶을 행복하게 하는 행동인지를 돌아봐야 한다. 그런 생각을 계속 반복적으로 하다 보면 주어진 현실에 순응하면서 삶의 이치에 맞게 사는 것이 최상이라는 결론에 이르게 된다. 그래서 극기는 자기를 수련하는 과정이며 자기 삶의 이치를 깨우치고 삶의 철학을 발견하는 과정이다. 즉, 극기의 여정은 끝이 없는 순례의 여정이다. 그러므로 지난날 너무 방만하게 살아온 것은 아닌지를 돌아봐야 한다. 그래서 이제라도 참나를 찾아 참나가 원하는 삶을 살기 위해 전보다 지독하게 살아야 한다. 아울러 나아가야 할 때 나아가고, 물러나야 할 때

물러나며, 머물러야 할 때 머물러야 한다. 그래서 자신의 삶을 승리로 이끌어야 한다.

'지독한 독종이 성공한다'는 것을 나날이 체험하는

기업교육전문가 김해원 드림